Wenn wir uns gedanklich in unsere Kindheit zurückversetzen, erinnern wir uns dann auch an die Arbeit, der unsere Eltern nachgegangen sind? Haben wir uns damals eine Vorstellung davon gemacht, was für eine Arbeit das gewesen sein könnte? Und falls ja, entsprach sie auch nur in Ansätzen den tatsächlichen Abläufen und Erfordernissen des jeweiligen Berufs des Vaters oder der Mutter? Oder hat die unbändige Kraft der kindlichen Fantasie sie, aus Trotz oder aus Wagemut, womöglich ins Märchenhafte versetzt und die Mutter, in kniehohen Plastikstiefeln an einer Waschanlage, in einem blumengeschmückten Raum Pralinen verpacken lassen und den Vater, der als Dachdecker arbeitete, in ein Batman-Kostüm gesteckt?

Und wie war es später, als wir bereits ein wenig älter waren? Haben wir unsere Eltern gelegentlich bei ihrer Arbeit begleitet? Vielleicht sogar ein wenig helfen dürfen? Und wenn ja, wie hat sich das angefühlt? Welche anderen Auswirkungen hatte ihre Arbeit auf uns? Hat uns jemand die Tür aufgemacht, wenn wir aus der Schule nach Hause kamen? Trugen wir einen Schlüssel um den Hals, mit dem wir uns selbst die Tür aufschließen mussten, um über die Schwelle ins Haus treten zu können? Oder mussten wir den Tag bis in die Abendstunden hinein bei einer Tante oder Oma verbringen? Und schließlich: Glauben wir heute, dass die Arbeit unserer Eltern irgendeinen Einfluss auf unsere spätere Berufswahl gehabt hat?

Wir wollten Antworten auf derlei Fragen und haben sie deshalb einer Anzahl von Menschen gestellt, Menschen, die heute in kreativ-künstlerischen Bereichen tätig sind: im Theater, im Verlagswesen, in der Musik, im Kulturmanagement, als Schriftstellerinnen und Schriftsteller. Wir haben sie gebeten, sich zu erinnern und uns über ihre Erfahrungen und Empfindungen zu berichten, über ihre damaligen Vorstellungen von der Arbeit ihrer Eltern und, so festzumachen, über mögliche andere Schwellen als nur die einer Tür, die sie überschreiten mussten, um dahin zu kommen, wo sie in ihrem Leben heute stehen. Auch haben wir um ein Foto gebeten, möglichst etwas Privates, das einen Einblick in die beschriebene Zeit verschaffen soll. Kaum jemand der Angefragten hat uns einen Korb gegeben auf unsere Bitte, die meisten haben spontan und gerne zugesagt. Das hat uns große Freude bereitet.

Als Ergebnis versammelt dieses Buch nun sechsundzwanzig Geschichten von Menschen über ihre Eltern und deren Arbeit, von Menschen, deren Eltern hier bereits seit Generationen leben, von Menschen, die mit ihren Eltern nach Deutschland eingewandert sind oder hier als Kinder von Einwanderern geboren wurden. Das Panorama der Berufe, das sie ausbreiten, reicht von den frühen Nachkriegsjahren über das sogenannte Wirtschaftswunder bis in die jüngste Vergangenheit. Sie erzählen davon, wie die Schreibenden sie erfahren haben, ganz gleich, ob Kind eines Landwirts, einer Lehrerin, eines Stahlarbeiters, einer Putz- oder Pfarrersfrau. Dies alles liefert ein vielfältiges und vitales Bild vom Leben und Überleben in diesem Land, dem man sich nicht entziehen mag.

Hierfür gilt den Autorinnen und Autoren, die uns ihre Geschichte aufgeschrieben haben, unser herzlichster Dank!

Danken wollen wir auch dem Fritz-Hüser-Institut für Literatur und Kultur der Arbeitswelt in Dortmund, das das Projekt von Beginn an begleitet hat und seine Veröffentlichung fördert; namentlich danken wir Iuditha Balint und Arnold Maxwill für Unterstützung und Rat.

Wolfgang Schiffer & Dinçer Güçyeter
Im Januar 2023

Ulrike Almut Sandig

Die Welt ist groß

Meine Kindheit fand in einem Pfarrhaus statt. Es war das größte
Haus im sächsischen Dorf Nauwalde und befand sich etwa auf
Knöchelhöhe, mitten im eingeschlafenen Fuß der DDR. Meine
unendlichen Tage waren getragen vom steten Sprachstrom meiner Mutter. Sie arbeitete in einer Apotheke in Bad Liebenwerda.
Ihr Chef war schon in meiner Kindheit alt, er würde über hundert werden. Manchmal holte mein Vater sie von der Arbeit ab.
War ich dabei, wurde die Tresenklappe für mich geöffnet und
ich durfte nach hinten gehen und meine Mutter suchen. Die weiß
bekittelten Frauen empfingen mich mit großem Hallo. Auf ihren
Arbeitstischen sah ich die frisch eingefüllten Salben wie Wun-
dermittel stehen, die immer und in allen Lebenslagen helfen
würden.
An allen anderen Tagen kam meine Mutter mit dem Überlandbus
heim. Todmüde schmiss sie dann den Haushalt, gab Christen-
lehre, bereitete Kindergottesdienste vor und malte für den
nächsten Gottesdienst Einladungsplakate, die mein Vater später in die Schaukästen der Dörfer pinnte. Das Lesen habe ich
von ihr gelernt, im Esszimmer neben ihr sitzend, mit den Augen
den schwungvollen Linien ihrer Stifte folgend, in der Nase den
betäubenden Geruch der Farben.
Meine Mutter sprach viel mit sich selbst, und noch mehr mit mir
und meinen Brüdern. Der Esel nennt sich immer zuerst, sagte sie
lachend und brachte mir wie nebenbei den Umgang mit Men-

schen bei. Alles, was sie machte, kommentierte sie. Schwierige Wörter vermied sie nicht, sondern erklärte sie auf mein Fragen hin. Beim Kochen sang sie mit uns Kanons. *Was müssen das für Bäume sein, wo die großen Elefanten spazieren gehen, ohne sich zu stoßen?* In unserem Dorf war sie die einzige Mutter, die mit ihren Kindern bastelte, meine Kindergeburtstage galten als legendär. Abends nahm sie meine Hände in ihre und brachte mir das Beten bei. Ihr verdanke ich einen schwer zu erschütternden Glauben in die Sprache, das Spiel und den Gesang.

Und dass man zu allem fähig ist. War sie zu müde oder zu mutlos, um mit uns zu beten, spielte sie uns auf der Blockflöte vor. Aber ich kann das doch gar nicht, murmelte sie dann. Mach einfach, riefen wir Kinder vom Bettrand aus. Mach einfach, sagte sie auch zu uns, du kannst das! Wenn ich ankündigte, ich wolle später mit dem Flugzeug nach Amerika fliegen, sagte sie nicht, dass in unserer öden Diktatur die Auswahl der zu bereisenden Länder beschränkt war, erst recht für ein Pfarrerskind. Meine Mutter sagte: Mach einfach. Aber vorher brauche ich dich noch zum Feuerholz holen, gehst du schnell in den Keller?

Obwohl sie als Arbeitstätige, Pfarrers- und Hausfrau ständig zu tun hatte, las meine Mutter viel. Als ich älter wurde, lasen wir eine Zeit lang dasselbe Buch nacheinander und unterhielten uns dann darüber. Isabelle Allendes *Eva Luna.* Susanna Tamaros *Geh, wohin dein Herz dich trägt.* Beide mochten wir die abstehenden Ohren der Autorin, obwohl mir meine mit dreizehn angelegt worden waren. Manche Bücher sollte ich nicht lesen. Ich las sie trotzdem. Sibylle Muthesius' *Flucht in die Wolken,* ein autobiographischer Bericht einer Mutter über ihre psychisch kranke Tochter. Nachdem ich ausgelesen hatte, malte ich meine Bilder wie Pony, das Mädchen im Buch, und glitt darüber unmerklich in die Pubertät hinein.

Auch mein Vater war einer der wenigen im Dorf, der Bücher las. Sie standen in der Schrankwand seines Arbeitszimmers, in einem Regal im Esszimmer, im Dachbodendurchgang zum Schlafzimmer, auf seinem Tisch neben der Schreibmaschine. Zwischen den Reihen, die zu sammeln er schon als Student begonnen hatte, stachen Einzeltitel heraus, die sich mir einbrannten. *Die Wörter* las ich, noch bevor ich wusste, was Sartre eigentlich für ein eitler Denker gewesen war. Und bevor ich gelernt hatte, dass eine der verlustreichsten Schlachten des Ersten Weltkriegs in der Nähe der französischen Kleinstadt Verdun stattgefunden hatte, kannte ich Chowanetz' Anthologie *Vor Verdun verlor ich Gott*. Den Nagel instinktiv auf den Kopf treffend, hielt ich Verdun für das Synonym für einen sehr großen Fehler, ein massives sich *Vertun* eben.

Mein Vater las mit übereinander geschlagenen Beinen, die Hand mit dem Buch locker auf seinem Männerbauch aufgelegt, in der anderen eine Pfeife. Noch mehr aber hörte mein Vater Radio. Das Transistorgerät rauschte auf dem Fensterbrett in der Küche vor sich hin, weil mein Vater westdeutsche Sender hörte. Selten versuchte er, die Antenne mit einer Gabel zu verlängern. Meistens saß er still, mit vorgebeugtem Oberkörper davor und bemühte sich, den Nachrichtensprecher von RIAS 1 zu verstehen.

Von meinem Vater habe ich die Liebe zum Radio und zu Medien jeder Art, aber vor allem die Gewissheit darüber, dass wir im

Grunde unseres menschlichen Verstandes unwissend sind. Überstieg eine meiner ständigen Fragen seine Kenntnisse, sagte er: Schlag's nach. Im Zimmer meines ältesten Bruders stand ein zweibändiges Meyer-Allgemeinlexikon, dessen klein gedruckte Zeilen ich mit dem Finger nachfuhr, lange bevor ich die Einträge begreifen konnte. Das damals gängige Kinderlexikon *Von Anton bis Zylinder* fand ich blöd, weil es so gar nicht geheimnisvoll war und vieles nicht drinstand. Als kurz nach dem Zusammenbruch der DDR ein Vertreter von Bertelsmann bei uns anrief, ich war etwa elf, bestellte ich direkt ein Universallexikon in zwanzig Bänden und konnte gar nicht verstehen, warum meine Eltern die Hände über den Köpfen zusammenschlugen. Da niemand, den ich kannte, wirklich Geld hatte, war ich wohl der Ansicht, es spiele auch keine Rolle.

Als ältestes Kind eines Spielzeugfabrikanten wurde mein Vater wenige Monate vor Ende des Zweiten Weltkrieges geboren. Die HUSA-Manufaktur im erzgebirgischen Niederneuschönberg war nicht groß, aber erfolgreich im Verkauf und auf internationalen Spielzeugmessen vertreten. Reich war man nicht, aber mein Vater besaß als Kind ein Fahrrad, während einige seiner Schulkameraden nicht einmal Schuhe besaßen. Heute stehen die unter Sammlern begehrten, farbig lackierten HUSA-Holzautos in Spielzeugmuseen. Mitte der siebziger Jahre wurde der Betrieb zwangsverstaatlicht. Mein Großvater Fritz war von einem Tag auf den anderen nicht befugt, das Fabrikgebäude zu betreten, während seine Frau Erika, meine Großmutter, den buchhalterischen Übergang ins Volkseigentum vollziehen musste.

Nach dem Zusammenbruch der DDR wurde das, was von der im Volkseigentum heruntergewirtschafteten Fabrik übrig war, von der Erbengemeinschaft wieder zurückgekauft. Der Anteil meines Vaters floss in den Kredit auf ein dänisches Fertigteilhaus. Einige der HUSA-Autos leuchten jetzt in den Regalen von meinen Brüdern und mir in Berlin, Leipzig und Dresden. Sie erinnern mich daran, dass von heute auf morgen alles anders sein kann und Geld also keine Rolle spielt, solange es zum Leben reicht.

In das dänische Fertigteilhaus hat sich mein Vater lange nicht eingelebt. Ich vermute, er sehnte sich nicht nur nach seinem verrauchten Arbeitszimmer und dem großen Pfarrgarten mit den alten Apfelbäumen, sondern nach dem langsameren Verstreichen der Zeit in der DDR. Wie viele andere ostdeutsche Theolog:innen war er nach dem Mauerfall in die CDU eingetreten und hatte in der Landespolitik Karriere gemacht, unter anderem als erster Sächsischer Ausländerbeauftragter des neuen Freistaates. Morgens wurde er von einem Fahrer des Landtags abgeholt, abends kam er abgekämpft, aber voller frischer Erinnerungen und Herausforderungen zu Hause an. Manchmal fuhr er mit Decknummer, weil wieder Drohbriefe angekommen waren. Das dänische Fertigteilhaus hatte kugelsichere Scheiben. Hin und wieder kamen Polizist:innen ins Dorf, um den Inhalt unserer Mülltonnen zu überprüfen. Der Hausschlüssel meiner Eltern steckte trotzdem bis spät in der Nacht außen an der Haustür. Es könnte ja jemand kommen, der ihre Hilfe braucht. Auch meine Mutter krempelte nach dem Mauerfall ihr Berufsleben um. Sie machte eine Ausbildung zur Religionspädagogin und unterrichtete noch jahrzehntelang in Schulen, arbeitete als Schöffin, betreute ehemalige Haftinsassen. Heute bringt sie geflüchteten Menschen Deutsch bei und genießt in vollen Zügen die Welt, die bis zu ihr nach Hause reicht. Wenn sie mit dem Auto von einem Dorf zum anderen heizt, wird mir angst und bange. Aber die Welt meiner Mutter dreht sich jetzt schneller. Manchmal wird es ihr zu viel. Das dänische Fertigteilhaus, von der Familie längst liebevoll *Heidehaus* genannt, ist dann ihr Ruhepol.

Mein Vater arbeitet seit über zehn Jahren wieder als Pfarrer. Sein Pfarrersein ist mehr Beruf als Anstellung. Trotz Rente ist er seelsorgerisch tätig, macht Beerdigungen, sitzt im Beirat einer Justizvollzugsanstalt, gibt den wenigen Jugendlichen der Gegend Konfirmandenunterricht, verheiratet Paare, die er einst getauft hat, und führt hin und wieder Touristengruppen durch die Schlosskapelle eines Nachbarortes, deren Restauration er in den neunziger Jahren organisierte. Viele seiner Projekte bekomme ich nicht mit, weil er nicht darüber spricht oder ich zu lange woanders lebe. Aber als er vor einigen Jahren bei einer TV-Spielshow mitmachte, um Geld für die Finanzierung einer Kirchenrestauration zu gewinnen, dachte ich noch, dass ich eines von ihm lernen will: wie man sich in den Dienst der Projekte stellt, die man für richtig hält, ohne einen einzigen Zentimeter Lässigkeit aufzugeben.

Wenigstens ein paarmal im Jahr versuche ich, einen Gottesdienst meiner Eltern zu besuchen. Die kleinen Kirchen mit ihren barocken Holzaltären und aufgemaltem Marmor sind nur zu

Weihnachten oder bei Beerdigungen richtig voll, wenn die Kinder und Enkelkinder der Gemeindemitglieder aus den Städten zu Besuch sind. Die ehemalige Volkskirche, schon in der DDR ein Ort der Anderen, der fragenden Minderheit, der freien Geister, ist im ideologischen Vakuum der ostdeutschen Provinz noch weiter geschrumpft. Vorchristliche Bräuche sind beliebter, kein Frühjahr ohne Osterfeuer, kein Winter ohne Wintersonnenwendfeier.

Im Gottesdienst der kleinen, halbleeren Kirchen ihrer Gegend singt meine Mutter im Kirchenchor. Der Klang der Frauenstimmen, oft begleitet von einer enthusiastisch spielenden Ukulelekapelle der Frauen vom Ort, erinnert mich an den sogenannten weißen Gesang ukrainischer Chöre. Die Gottesdienste bilden die konzentrierte Mitte einer unverkrampften, fröhlichen Gemeinschaft, mit warmherzigen Gesprächen und gegenseitiger Unterstützung in allen Lebenslagen.

Höre ich den Predigten meines Vaters zu, staune ich über seine Kunst, Gedanken so zu fassen, dass sie nur im Moment des Hörens am klarsten sind. Keine einzige seiner Predigten hebt er auf. Im unmittelbar in den Raum geworfenen Wort begreife ich den unsichtbaren Gott. In seiner ganzen Abwesenheit lerne ich, ihn zu denken und zu fühlen.

War ich lange nicht im Heidehaus, singt meine Mutter mir manchmal die Lieder, die sie im Chor lernt, am Telefon vor. Viele sind in Sprachen verfasst, die sie nie gelernt hat. Für sie, obgleich nur zehn Kilometer von ihrem Geburtsort entfernt lebend, ist die Welt auch größer geworden. Wenn meine Mutter eine positive Besprechung eines meiner Bücher liest oder einen Konzertmitschnitt von mir in Bangalore, Lwiw oder Rotterdam auf

YouTube sieht, sagt sie: Bist du wirklich mein kleines Mädchen, das in Nauwalde großgeworden ist? Aber will ich ihr sagen, wie groß ihr Anteil an meiner Kunst ist, lacht sie nur und wendet sich anderem zu. Denn die Welt ist zu aufregend, um lange still sitzen zu bleiben.

Markus Ostermair

Krümmungen

Du musst dich schon bücken! Da hilft alles nichts!
Wenn das Unkraut zu nah an der Rübe stand, dann war die Hacke,
auch die für Kinder mit dem dünneren, kürzeren Stiel und dem
kleineren Blatt, zu grob. Zu groß die Gefahr, die Frucht zu ver-
letzen, auf die es ankam. Rüben wurden gesät, Rüben wollte man
ernten, und zwar große und fette, sodass auch die Erwachsenen
zwei Hände brauchen würden, um sie im Herbst, wenn einem
die Finger von der kalten Erde beinahe abfroren, auf den Wagen
und von dort aus in den Rübenkeller zu werfen. Bis es so weit
war, ging es um Verteilungsfragen: Regen, Sonne, Nährstoffe.
Und weil das Unkraut nicht einfach nur wächst, sondern wuchert
und dabei alles zieht, was es kriegen kann, musste man es mit
Stumpf und Stiel aushacken. Also rückwärtsgehen, halbgebückt,
und schnelle Hackbewegungen in der Mitte, um seine Wurzeln
freizulegen, auf dass sie an der Sonne verdorrten. Daher auch
das Rückwärtsgehen, sonst würde man es erst raushacken und
dann wieder in den Ackerboden hineintreten. Das wäre Unsinn.
Da hätte man ja gleich zu Hause bleiben können. Und wäre man
zu Hause geblieben, dann wären die Mühen des Säens umsonst
gewesen.
Aber ich schweife ab und gehe nicht die gerade Reihe rückwärts.
Ich nehme einen Umweg, trödle, könnte man sagen. Es ist ein
altes Muster.
Wenn es ans „Rübengrasen" ging, fuhren alle zusammen raus

aufs Feld – das heißt die, die noch lebten, und die, die keine anderweitigen Verpflichtungen hatten – und standen zwischen den Rübenreihen unter der Sonne und grasten, was mit der Hacke zu grasen war. Und den Rest, den zupfte man eben heraus.

Und dafür musst du tiefer runter! Dein Rücken ist ja noch jung, deine Beine noch kurz, so weit bis zum Boden hast du's also gar nicht, jetzt stell dich nicht so an.

Ich freilich stellte mich immer an. Das war die Erzählung bei uns daheim auf dem Hof, weil ich ein Jammerkind war. Der kleinste, das jüngste von sechs. Mit Ausnahme meines nächst älteren Bruders – uns trennten fünf Jahre – waren meine drei Schwestern und mein zweiter Bruder in meiner Erinnerung immer schon erwachsen oder auf dem Sprung dahin, in jedem Fall keine Spielkameraden mehr. Sie hatten bereits andere Sorgen als zu spielen. Insgesamt hatte unsere Familie andere Sorgen. Oben lag der weltkriegsversehrte Opa im Bett und wurde von der Oma gepflegt. In meiner Erinnerung ist er bleich und grau wie das Laken, und der Geruch von feucht gewordenem Schnupftabak umgibt ihn. Ihn, den ich nur einmal habe gehen sehen, gebückt, am Stock, als er – ich glaube, mich an die Worte „Ostfront", „Sturz aus dem Zug aufs Gleis", „Maschinengewehrwunden im Oberschenkel" und „halbseitige Lähmung" erinnern zu können – ein Bein nachzog, während er den anderen Fuß im Filzpantoffel vorwärtsschob. Das kurze, leise Pfeifen des schwarzen Gummis am unteren Ende des Gehstocks und das wetzende Geräusch seiner Sohlen auf dem Boden meine ich noch im Ohr zu haben, aber vielleicht fabuliere ich mir das alles auch nur zusammen, weil es zu den wenigen, aufs Unangenehmste wabernden Bildern in meinem Kopf passt.

Es wurde nicht viel erzählt und ich fragte nicht nach.

Anderes aber war und ist unumstößlich. Auf dem Friedhof lag der Vater, quasi seit dem Tag, an dem meine Mutter mich zur Grundschule angemeldet hatte und er allein raus ist aufs Feld, und dann kam und kam er nicht heim und die Mutter hatte sich während des Melkens Sorgen gemacht, wo er denn bleibt. Er, der wie alle in der Familie mit dem Körper arbeitete, die Knie, das Kreuz, die Arme und Hände, hatte die Symptome nicht erkannt. Ja, mei, dann zieht's halt mal komisch von der Schulter in den Oberarm rein, das kann alles bedeuten, das wär nicht das erste Mal. Vielleicht hab ich mich verlegen oder irgendwo gestoßen, ich weiß es nicht mehr. Zum Doktor wird erst gegangen, wenn die Arbeit getan ist. Im Stall standen die Kühe, neun hie'enten, neun herenten, und in der Mitte der Futtertisch, auf dem das frische Gras mit dem Greifer und den Gabeln verteilt wurde, oder im Winter das Heu und die Rüben, die man dann nicht mehr so zimperlich anpackte. Ich fuhr die Rampe hoch mit einem Schubkarren, der so mit ihnen überladen war, dass es in den kindlichen Unterarmen brannte. Die erste Erleichterung brachten dann die Sprunggelenke, denn in den Armen allein fehlte die Kraft, um den Karren zu heben. Das Stehen auf den Zehenspitzen reichte schon, dass die ersten Rüben purzelten. Und die Zungen der Kühe reckten sich nicht mehr nach den Händen an den Griffen oder den Gummistiefeln, über die sie wie nasses Sandpapier strichen, sondern nach den zuckrigen Wurzeln. Wieder ging man rückwärts, der Karren wurde leichter und leichter, das Brennen in den Armen verstetigte sich. Man würde sie ausschütteln können, wenn er leer war, bevor man den Spaten holte. Mit ihm rollte man die kopfgroßen Früchte wieder in die Mitte zurück, wo die Kuh-zungen nicht hinreichten, sodass man gefahrlos – für die Zungen zumindest – zustoßen, die Rüben zerteilen und ihnen die Stücke wieder hinschieben konnte. Die Füße hielt man – das Risiko, mit dem Spaten abzurutschen, bestand immer – durch einen breiten Stand aus der Gefahrenzone heraus, während man das Metall-blatt Richtung Steinboden, Richtung Rübe trieb.

Doch so weit waren wir noch nicht. Wir waren beim Jäten und Jammern auf dem Feld, beim Bücken, Hacken und Zupfen. Der große Kreislauf der Jahreszeiten muss widernatürlich zurück-gedreht werden, die Hackfrüchte sind noch faustgroß in meiner Vorstellung. Es würde noch unzählige Sonnenstunden gemischt mit der, so war zu hoffen, immer wiederkehrenden Nässe des Regens und der Feuchte des Morgentaus brauchen, bis man sie mit dem Roder aus dem Boden ziehen und mit kalten Händen auf den Ladewagen werfen konnte. Gemach, gemach also! Man konnte nicht einfach so vorpreschen, schließlich brauchte man auch auf dem Feld Geduld, denn man blieb so lange draußen, bis die Arbeit getan war. Schritt um Schritt, Reihe um Reihe. Also, nicht trödeln. Wer trödelte, zwang die anderen zur Mehrarbeit. Und jeder in unserer Schicksalsgemeinschaft sah, dass ich die kürzesten Reihen hatte und trotzdem ging und ging es nicht rich-tig vorwärts bei mir, meinten die anderen. Und ich meinte, ich tue, so schnell ich kann, und müsste eigentlich ganz woanders sein, beim Fußballspielen mit meinen Freunden vielleicht, deren Pläne ich im Schulbus belauscht hatte, da sie mich oft gar nicht mehr fragten, weil man mit mir bei schönem Wetter ohnehin nicht richtig rechnen konnte. Und auch meine Geschwister meinten, sie müssten woanders sein, stelle ich mir heute vor, da mir im Rückblick die Jahre verschwimmen, wo man noch Kind war und wo man der Kindheit schon entwuchs, viele lange Jahre lang. Ich weiß nur vom Drängen, das ich spürte, und wie es zunahm mit der Zeit, und ich nehme an, auch sie spürten es, während ich jammerte und trödelte und mich anstellte als hilflose Form des Protests. Denn es half ja nichts. Wir alle wussten, dass die Arbeit getan werden musste, allein schon unserer Mutter zuliebe, der all meine Gnangserei galt und die der anderen wahrscheinlich auch. Also gingen wir rückwärts, hackten und bückten uns und bekamen an den Armen und im Nacken Farbe.

Und auch bei anderen Arbeiten jammerte ich, beim Grasholen und Heupressen, beim Silieren und der Stallarbeit. Es war die Fremdbestimmtheit meiner Zeit über die Schule hinaus, die mir keine Ruhe ließ. Daher der Wunsch nach einer Uhr zur Erstkommunion. Es war ein Werkzeug, womit sich mir ein zweites Feld des Jammerns eröffnete. Bei jeder unvorhersehbaren Arbeit – der Zeitpunkt für das Grasen der Rüben war für mich nie zu entschlüsseln gewesen und traf mich jedes Mal unvorbereitet – nagelte ich meine Mutter auf eine Zeit fest, wie lang es denn dauern und wann ich also wieder frei sein würde. Mit den Jahren reichte schließlich die Schwere der Arbeit allein nicht mehr aus, nicht für den Jüngsten, dem die Gnade der spätesten Geburt immer deutlicher vor Augen trat, da das Los der Verantwortung des Hoferben auf meinen nächst älteren Bruder fiel. Ich wurde nicht angelernt, sondern für mich blieben die Hilfsdienste übrig, das Zuarbeiten, worauf es im Notfall nicht ankam. Wo sein Gejammer auf felsigen Grund fiel, ging es bei mir hin und wieder auf. Ich konnte Termine vorschieben, Hausaufgaben, Prüfungen, Freunde, mit denen ich vor Wochen schon was ausgemacht hatte. Irgendetwas, was den Druck erhöhte, den Leidensdruck erklärte und damit das Jammern. Wenn meine Mutter mal nachgab, meinem Gejammer und ihrem schlechten Gewissen vielleicht, und ich früher erlöst war, dann gnangsten die anderen, dass es ungerecht und ich ohnehin immer schon bevorzugt worden sei, und sie hatten recht damit. Also stellte meine Mutter mir sogleich eine weitere Arbeit in Aussicht, die ich die nächsten Tage zusätzlich zu erledigen hatte. Eine Art ausgleichende Gerechtigkeit, die jedoch – das wussten wir beide und die anderen wohl auch – oft weniger schlimm war und ab und zu sogar ganz entfiel, denn sie hatte andere Sorgen, als sich ständig zu merken, was sie mir alles aufgetragen hatte. Wenn Arbeit anstand, dann tat sie sie einfach, komme, was wolle.

Dem steht gegenüber: mein Jammern und Betteln und Flehen, und meine Fluchten vom Hof zu Freunden, wo sich nach und nach auch bei mir das schlechte Gewissen Bahn brach. Das war der Zwickmühlenhandel: Freizeit gegen das Nagen der Schuld. Die Arbeit, sie tat sich nie von allein, das wusste ich. Die Arbeit, sie war allumfassend, das ahnte ich. Es war ein sprachloses Eingeweidewissen vom großen Kreislauf der Jahreszeiten und von der langen Kette der Menschenmägen, an der alles hing, die alles antrieb: das Säen und Hacken und Zupfen und Spritzen und Ackern und Mähen, das Füttern und Melken und Striegeln und Schlachten und Düngen und Ernten und überhaupt.

Und ich saß in den Zimmern meiner Freunde, die sämtlich in Häusern ohne Schmutzkammer lagen, in der wir das Stallgewand, die groben, löchrigen Socken, die von Erde schweren Stiefel abstreiften, während wir uns am kammerhohen Schuhregal festhielten, in dem sich alle ausrangierten Schuhe der Familie stapelten, die womöglich noch ein letztes Mal für irgendeine Arbeit herhalten mochten, und ich begriff jedes Mal aufs Neue, dass die allumfassende Arbeit unsere Arbeit war und nicht ihre. Und ich beneidete meine Freunde und deren Eltern darum und schämte mich für unsere Arbeit, die einer Schmutzkammer bedurfte, ohne es je auszusprechen. Ich durfte mir in der Fremde die Fluchten vom Hof nicht verscherzen, ich durfte und wollte ihnen nichts von der Arbeit erzählen. Überhaupt durfte und wollte und konnte ich nichts von der Arbeit erzählen, die mich niederdrückte und von der ich doch so viel gelernt habe, ja alles eigentlich. In der Anschauung meiner Mutter lernte ich, nicht mehr zu jammern und nichts mehr zu wollen, sodass ich die Scham, manchmal zumindest – und eigentlich nur der Form halber, wie ich zugestehen muss –, überwinden kann, heutzutage. Ihr Bild, als sie aus dem Stall wankte, nachdem ich einmal zu spät zum Helfen gekommen war, und sie beim hastigen Anziehen des Stallgewandes von der Schmutzkammer aus beobachtete, wie sie sich dreimal, in gelben Schwallen, erbrach, lehrte mich das. Sie hatte nach Frischluft gesucht und dann mit Ellenbogen und Schulter das große Tor aufgeschoben, das immer nur eine Handbreit für die Katzen offenstand, damit man meine Mutter von der Straße aus nicht sehen konnte. Dann krümmte es sie nach vorne und der erste Schwall ergoss sich aus ihrem Mund auf den Raps, den mein Bruder zuvor für die Kühe geholt hatte. Sie atmete schwer, aber sank nicht auf die Knie, während ich wie erstarrt hinter dem

Schmutzkammerfenster stehen blieb. Es kamen der zweite und kurz darauf der dritte Schwall, nach dem sie sich aufrichtete und mit dem Handrücken über die Lippen fuhr. Ich schlüpfte in die Galoschen und stürzte zur Tür hinaus, um ihr zu helfen, wobei ich erwartet hatte, sie würde sich auf den Heuballen gesetzt haben, der immer an der Stallwand lag, doch ich sah sie zunächst nicht mehr. Einige Sekunden später kam sie mit einer Heugabel wieder aus der Stalltür hervor, hob ihr Erbrochenes damit auf und warf es in die Mistrinne hinter die Kühe, bevor sie sich wieder zwischen sie stellte und sich zu ihren Eutern hinabbeugte. Als sie mich sah, schimpfte sie nicht über mein Zuspätkommen, sondern dankte mir, dass ich ihr heute, da es ihr nicht so gut gehe, helfe.

Maria-Christina Piwowarski

Sich kümmern um die Mädchen

Die Arbeit in dem Haus, in dem ich aufgewachsen bin, endete an keiner Türschwelle, sie endete nirgends und niemals. Und doch gab es eine unsichtbare Grenze zwischen dem großen Flur, der allen gehörte, und unseren privaten Räumen, die normalerweise (was ist schon normal?) nur Mutti, Vati und ich bewohnten. Die Schwelle zu unserem Esszimmer war ein magisch gebannter Ort, den die Mädchen von oben oder auch Besucher:innen von außerhalb nur nach Aufforderung oder im höchsten Auftrag übertreten durften. Hinter dem Esszimmer gab es ein Wohnzimmer, in dem auch Muttis Schreibtisch stand, es gab mein Kinderzimmer, das Schlafzimmer, ein Bad. Keine Küche, aber eine Kaffeemaschine auf einem Teewagen. Besuch kam manchmal, weil er von Mutti zu einer Audienz geladen wurde. Vati war eher der Außenminister. Zum Mittagessen waren auch unter der Woche häufig Gäste da. Die Mädchen übertraten die Schwelle – ehrfürchtig an die Tür klopfend, brav unser deutliches Herein abwartend –, um das frisch gewaschene, oft noch wasserwarme Geschirr aus der großen Küche jenseits des großen Flures herüberzubringen. Alle Wege waren weit. Manchmal kamen sie deshalb zu zweit: Eine klopfte, die andere trug vorsichtig das Tablett mit dem Geschirr herein. Sie stellten es ehrfürchtig auf den ovalen Esstisch. Zurück in die Vitrine räumen musste ich es dann meist. Mehr musste ich meist nicht. Margot wusch auch unser privates Geschirr in der großen Küche ab. Sie wusch den ganzen Tag ab. Unsere Dinge zuerst, dann alles, was drei Mal täglich von oben auf großen Tabletts an benutzten Tellern, Tassen, Schüsseln und Besteck wieder heruntergetragen wurde. Nur das Teegeschirr vom Nachmittag wurde direkt in der kleinen Spülküche im ersten Stock gewaschen. Von Gerda, die dort das Sagen hatte. Unten regierte Margot über das Abwaschbecken. Sie liebte heißes Wasser. Sie liebte es, wenn ihre Hände krebsrot in reichlich Fit-Wasser versanken. Ihr ohnehin gebeugter Rücken schien sich über die Jahre der Höhe des Spülbeckens angepasst zu haben. Sie liebte es nicht, wenn man ihr dabei ins Gehege kam. Manchmal kam Mutti und schimpfte mit ihr des viel zu heißen Wassers wegen und ließ, ohne Widerrede zu dulden, kaltes Wasser aus dem Hahn ins Becken laufen. Aber sobald sie wieder aus der Küche verschwunden war, setzte Margot einen Topf mit Kochwasser auf den Herd. Und Doris trocknete ab. Niemand konnte das so gut wie sie. Bis Margot fertig war, sah Doris aus dem Fenster auf die Birken. Oft sprach sie dabei mit sich selbst.

Arbeit. Eigentlich arbeitete niemand. Wir waren. Ich war eine Prinzessin und deshalb mussten meine Eltern wohl irgendwie der König und die Königin sein, aber so genau wusste das niemand. Und meine Eltern waren es eigentlich auch nicht, aber da ich Mutti und Vati zu ihnen sagte, war das vielleicht gar nicht so wichtig. Und dass unser Königreich nur aus weiblichen Untertanen bestand, die alle geistig behindert waren, das passte nicht so wirklich in das Bild eines Königreiches, das war mir, als Kind, dem reichlich Märchen vorgelesen wurden, damals schon klar. Aber ich war mir sicher, wenn niemand hinsah, wenn der Winkel nur weit genug blieb, dann fiel das gar nicht groß auf. Im weiten Winkel war es ein kleines Dorf inmitten ostdeutscher Felder, nur eine Straße, zwei herrschaftliche, aber verfallene Häuser auf der einen Seite, sieben oder acht kleine und noch verfallenere Häuser auf der gegenüberliegenden Straßenseite. Unser Haus war mit jedem Mangel das schönste der ganzen Welt, es stand weit zurückgesetzt und quer zur Straße. Von dort aus sah man nur den baufälligen Taubenschlag aus Fachwerk, der in ein großes Wellblechtor überging, das je nach Verfügbarkeit von Farbe mal grün, mal braun gestrichen war, aber immer geschlossen zu sein hatte. Eine hohe Feldsteinmauer umfasste das Grundstück und beschloss die Grenzen unserer Welt. Sie führte auf der Rückseite des Hühnerstalls entlang, erstreckte sich seitlich am riesengroßen Garten, umrundete ihn weit, weit im Osten und führte dort am Friedhof vorbei. Hier hinten gab es wieder ein Tor, aber das wurde wirklich nur bei Beerdigungen geöffnet, also dann, wenn eines unserer Mädchen gestorben war. Dann wand sich die Mauer am Garten nördlich weiter und endete beim Jauchegraben am Park, der die natürliche Umzäunung weiterführte. Erst spät und mit Hilfe eines der mutigen Mädchen, einer Wütenden und Wilden, die nur sehr kurz blieb, habe ich gelernt, hier drüber zu springen und es ab und an ungesehen zu verlassen, unser abgeschlossenes Königreich, mit emsigen, den ganzen Tag im Haus, im Garten und im Park beschäftigten Mädchen. Mutti und Vati hatten die Aufgabe, über dieses Königreich zu herrschen. Und wie bei echten König:innen gab es von dieser Aufgabe keinen Urlaub und keinen Feierabend. Vati stand im Morgengrauen zum Heizen auf, im Winter schippte er auch nachts manchmal Kohlen nach. Abends schlief er über der Buchhaltung im sogenannten Dienstzimmer auf der anderen Seite des Flures ein. Dazwischen war er für die Morgenandacht zuständig, die oben im großen Speisesaal vor dem Frühstück der Mädchen täglich abgehalten wurde. Er lehrte sie den Kleinen Katechismus und sie lutherten sich gemeinsam dankbar in den neuen Tag. Wenn ich die Verse heute höre, bekomme ich sofort Gänsehaut. Er verbrachte seine Tage meist im Garten, wo er mit den Mädchen, die gern draußen arbeiteten, lange Reihen von Obst- und Gemüsebeeten pflegte, Kartoffeln, Kohl, Beeren, Kürbis, und die mühsam ergatterten Einkäufe aus der nahen Kreisstadt um Frisches bereicherte. An Silvester um Mitternacht läutete er eine alte Kirchenglocke, die in einer Baumkrone am Garteneingang hing. Er läutete sie auch am 9. November 1989, als Mutti Freudentränen weinend mit einem Sekt vor dem Fernseher stand und ich mir sicher war, es müsse Silvester sein.

Vati reparierte und kittete, er hegte und sorgte, er war aber auch derjenige, der die Mädchen zuverlässig zum Lachen brachte, der Ausflüge mit ihnen unternahm, er war der „liebe Bruder R.", der geachtet und geschätzt wurde. Mutti hingegen wurde gefürchtet und geliebt. Niemand würde sie, obwohl sie einmal Diakonieschwester gewesen war, als „liebe Schwester R." bezeichnen. Ich mochte das schwarzweiße Foto auf dem Wohnzimmerschrank ganz besonders, das sie mit dem gestärkten weißen Häubchen zeigte, lächelnd im Profil, es bewies, dass sie einmal eine richtige Arbeit gehabt hatte, einen gelernten Beruf. Sie war „Frau R." und allenfalls in besonderen Momenten und pathetischen Reden, die sie allerdings hasste, „unsere liebe Hausmutter". Ihre morgendliche Audienz hielt sie nach der Andacht. Wenn mein Großvater, den ich Vati nannte, das letzte Lied, meist war es „All Morgen ist ganz frisch und neu", beendet hatte und die Mädchen mit ihrem Frühstück begannen, verließ sie unseren Frühstückstisch im Erdgeschoss und ging mit den Worten „Ich gehe dann mal rauf" die große Wendeltreppe zum ersten Stock der Mädchen hinauf. Nichts hasste sie so sehr, wie wenn man hier *hoch* sagte, das hatte sofort einen grammatikalischen Vortrag zur Folge. Noch heute sage ich reflexartig *rauf*, wenn jemand *hoch* gehen will – und damit nicht vor Wut in die Luft gehen meint. Sie begrüßte rund um die langen Tische jedes der fünfzig Mädchen mit einem Handschlag, der so ersehnt war, wie ein Tadel gefürchtet wurde. Sie erkundigte sich bei den weniger behinderten *Großen* um das Wohlbefinden der stärker behinderten *Kleinen*, die ihnen jeweils anvertraut waren. Sie leitete die so wenig Behinderten, dass sie von Fremden oft als Mitarbeiterinnen wahrgenommen wurden, in Absprache mit dem Dorfarzt, der einmal wöchentlich eine kleine Sprechstunde im Arztzimmer hielt, bei der Verteilung der Medikamente an. Eigentlich bekam jedes Mädchen entweder eine grüne oder eine rosarote Pille aus dem Medizintablett, das nur besonders gewissenhafte Mädchen morgens und abends herumreichen durften.

Mutti legte die Essenspläne fest, die auch immer Arbeitspläne waren, und teilte zu, wer drei Eimer Kartoffeln zu schälen hatte, wer zwei Eimer Bohnen pflücken ging und wer beim Rhabarberkompottkochen helfen oder die faulen Kartoffeln aus dem

Keller auslesen würde. Sie versorgte Wunden und verabreichte Einläufe. Sie teilte ein und zu, manchmal auch aus. Und schrieb später erst Tagebuch, dann Briefe und ganz zum Schluss aus der Fernsehzeitung ein eigenes Programm in ein Heft ab, nach dessen Stundenplan die Mädchen im kleinen Esszimmer zu bestimmten Zeiten für die *Kleinen* oder die *Großen* diesen oder jenen Sender einschalten durften. Sie schlichtete Streit und fällte Urteile.

1956, kurz nach ihrer Hochzeit, hatten Mutti und Vati diesen Außenposten einer evangelischen Stiftung eines sozialdiakonischen Dienstes übernommen. Mit 35 behinderten Mädchen in einem baufälligen Herrenhaus mitten im Nirgendwo begannen sie einen Dienst, der vierzig Jahre dauern würde. Hier bekam Mutti sechs Kinder. Ein weiteres brachte eines der behinderten Mädchen in utero nach einem Familienbesuch mit. Es war ein Junge. Mutti und Vati nahmen ihn auf, so konnte er bleiben. Anfang der 80er Jahre nahmen sie mich auf, wenige Wochen nach meiner Geburt, so konnte ich bleiben. Und ich verbrachte die Tage damit, meine Großeltern, die zu meinen Eltern wurden, nachzuahmen in dem, was sie taten, in dem, wie sie waren. Ihre Arbeit war mein Spiel. Ich wurde auf den Armen behinderter Frauen groß und wuchs inmitten von Menschen heran, die alle Zeit der Welt für mich hatten und mich für ein Geschenk Gottes hielten. Ich stromerte durch die Räume, durch den Garten und den Park. Ich durfte vieles und musste wenig. Als ich kurz vor der Schule plötzlich in den Kindergarten im Nachbardorf gehen sollte, um ein wenig unter andere Kinder zu kommen, fiel es mir langsam auf, dass dieses Leben ungewöhnlich war. Dass andere

Eltern in Fabriken arbeiteten, während Vati mich mittags immer mit dem Wartburg abholte, weil ich auf keinen Fall auch nur ein paar Stündchen über Mittag woanders schlafen konnte und es vor Heimweh ohnehin nur schwer aushielt. Andere Kinder trugen Hausschlüssel um den Hals. Unser Haus konnte nicht abgeschlossen werden. Als in der ersten Klasse alle Kinder von den Berufen ihrer Eltern erzählen sollten, kam ich ins Schwanken. „Was machen deine Eltern?" „Sie kümmern sich. Sie kümmern sich um die Mädchen."

Arnold Maxwill

hubhubhub, schubschuhu

> *wir sind Schirme. wir sind Dachs- oder Dach-*
> *bewohner. wir zelten liebst im Zwischensaum.*

Montag

Ich, der, ganz gleich für welche Zeit, allenfalls *snapshots* aufru-
fen kann (wofür es Gründe, wozu es Vermutungen gibt, aber dies
gehört nicht hierher), habe sofort dieses eine Bildmoment parat:
Weil die Küche zu klein, zu wenige Stühle vorhanden sind, weil
kein weiterer Platz dafür verschenkt werden kann, sitzt meine
Mutter auf dem Boden, die Beine ineinander verschränkt, die
Kaffeetasse in der Hand. Sie sieht gut aus, verschmitzt, der Tag
ist jung, gleich geht's los los los. Weshalb ist dieser Moment in
meiner Fotokartei so fest verankert? Eigentlich sah ich S. morgens nie, meiste huschte sie still und unerkannt hinaus, während
meine Schwester und ich die vom völlig verschläferten Vater
recht lieblos bereiteten Brote in uns hineinkrümelten oder gar
noch im Bett lagen oder das Stühlchen mühsam vors Waschbe-
cken rückten. Und dann war da, vor mir auf den Küchenfliesen
im Schneidersitz, diese Kleidung, dieser Geruch, diese Art, das
Haar zu frisieren, das alles kannte ich überhaupt nicht; nicht
wenig froh war ich zu bemerken, dass auch für Erwachsene diese
eine Ordnung offensichtlich Richtschnur war: Draußensachen

und Sachen für die Schule. Schon da ein Fan des Egalitären. Und wehe, man ging mit der guten Hose zum Spielen raus.

Dienstag

Einmal, immer noch wusste ich nicht, wohin meine Mutter fast täglich verschwand, hatte nicht die geringste Ahnung, wie und womit sie diese vielen Stunden verbrachte, einmal nahm sie uns mit. Große Reise. Ich saß, gemeinsam mit der Schwester, die kleineren Geschwister daheim, ein Glück, in einem riesigen gläsernen Turm, durchflutet von Licht. Die Fenster, das hatte ich noch nie gesehen, gingen bis zum Boden, ich konnte auf Dächer runterschauen. Im Grunde war das Kleinstadtkind im Himmel, halb. Aber S. haben wir auch hier nicht getroffen; sie war nur Anlass für den Ausflug in die Ferne. Während die Schwester und ich schamlos die ausschließlich für uns zuständige Betreuung ausnutzten, wuselten, fast unbemerkt, in unserem Rücken vor Anspannung brummende Menschen. Darunter, irgendwo, auch sie. Große Reise. Welche Fluchten und Freiheiten diese Tagungen ihr ermöglichten, das habe ich erst sehr viel später erfahren und kapiert (wofür es Gründe, wozu es Vermutungen gibt, aber dies gehört nicht hierher).

Mittwoch

Hatte mein Vater einen Beruf? Vermutlich eher eine Berufung. Und in diesem Befund steckt, leider, auch das Problem. Zumindest für mich, das Kind, das sich vor allem Unauffälligkeit wünschte. Doch das war nicht möglich mit einem Erwachsenen, der neben dem Hausmann-Etikett auch alle weiteren Haltungen an seinem Äußeren unschwer abzulesen erlaubte; dankbar hingegen die städtische Öffentlichkeit: Häme und Spott verfehlten selten ihr Ziel. Ich aber war schon bald zu groß, um mich auf dem Wochenmarkt hinter Planen oder Kisten der Aufmerksamkeit zu entziehen. Die Strategie von M. war dennoch, irgendwie, gut. Angriff als beste Form der Verteidigung? Na, nur bedingt. Vermutlich steckte tatsächlich eine gehörige Portion Stolz in diesen werktäglich zu bestaunenden Aufführungen – was mich, der mit Polz und Molz noch nie etwas anzufangen wusste, auf Abstand gehen lässt. Aber die Entscheidung der Eltern war, wie die meisten der Entscheidungen, die Eltern treffen, pragmatisch und vorausschauend, aus der Situation heraus genau richtig. Er mit seinen krumm-abenteuerlichen Aus-, Um- und Weiterbildungswegen, sie mit dem festen Angestelltengehalt. Geld musste rein; das Kind (es gibt fotografische Belege) hatte enorm großen Appetit.

Donnerstag

Eigentlich verstand ich erst nach dem ersten Zungenkuss, wie das Spiel *Lohnarbeit* funktioniert, wie Abwesenheit, Brot und warmes Zimmer so miteinander pendeln. Und nein, zwischen Kuss und Kenntnis kein kausaler Zusammenhang, finde nur keine klügere Zäsur. Über die genaue Weise des Gelderwerbs wusste ich, der kein fragender, eher beobachtender Zeitgenosse war, nicht viel. Ich saß da mit meinen beiden Büchereiausweisen, die städtischen und katholischen Bestände ergänzten sich sehr schön, und nahm, so lange wie möglich, das Gegebene als gegeben, normal. Es gab das Viertel, die Hinterhöfe, Wiesen, abgesprochene Grenzen und die vertrauensbasierte Gelassenheit von M., dem herzlich egal war, wo und mit wem Zeit verbracht wurde, solange wir rechtzeitig zum Aahmbrod Präsenz zeigten. Über Geld wurde nicht gesprochen, und, ja, ist wohl Marker genug: Wir waren kleinbürgerlich, wenngleich sich das nie so anfühlte, zu zahlreich die Merkwürdigkeiten, Abweichungen, zu groß die Zahl der Schwister. Geld war nicht sichtbar, Pullover, Jacken aufgetragen; brav geflicktes Knie. Dass die Leben der anderen andere waren, teils flirrend prall, wurde staunend hingenommen, die Bedürfnisse blieben klein, kleiner nur das Taschengeld. Und die Abwesenheit? Klar war nur: S. half kranken Menschen.

Freitag

War meine Mutter im Grunde nicht ein Stachanow mit Pschy-
rembel? Der Gedanke kam mir neulich erst, beim letzten
Besuch: Nach vierzehnstündiger Abwesenheit (morgens, kurz
nach sechs, hatte ich sie schon nicht mehr für eine erste Tasse
Kaffee erwischt) stand sie dann plötzlich im Raum; auf meinen
albernen Stachanow-Einwurf hin wandte sie sich mit Kopfschüt-
teln wieder der Spülmaschine zu. Nein, es geht hier nicht um
protosozialistischen Heroismus. So sehr ich auch Otto Griebels
Schiffheizer etwa schätze, aber proletarischer Polz, der kommt
mir hier nicht über die Schwelle der Tür. Dennoch. Es gibt, gab
da eine Sucht oder Flucht in die Arbeit, die sich mir nur zu Teilen
erschließt und dennoch selbst sehr vertraut ist. Eine antrainierte,
eine inkorporierte, fest installierte Kombination aus Tüchtigkeit,
Ehrgeiz und Fleiß. Der Wunsch, alles möglichst gut, guter, perfekt
zu machen, und die Angst, einmal nicht zu genügen, aufzufal-
len, ein Sandkorn im Getriebe, ungewollt. So ging es für S. also
hubhubhub in die Welt und *schubschuhu* zurück an einen Tisch,
an dem, frisch gesättigt, vom Tage erschöpfte Kinder saßen. Die
Stachanowkluft rasch ausgewrungen, weggehängt und, schwups,
den Nebenjob angetreten. Allen wurde noch ein Bär ins Ohr
gezwängt, dann ab ins Bett, M. lieferte stoisch-notorisch den
Abwaschsoundtrack dazu, frisch montiert. Und ich bleibe dabei:
S. war hier, rein funktional, der Bergmann, Lumpenpitter, Admi-
ral zur See, kennengelernt habe ich sie eigentlich erst vor gut
zwanzig Jahren. Was nicht schlimm ist. Ich schreibe hier ohne
Bedauern, mag nichts bewerten, vermessen, habe meine beiden

Büchereiausweise, ein Sackerl mit *snapshots* und bin froh um die zwanzig Jahre, auch die Zeit davor.

Samstag

Samstags gehört Mutti mir. Pustekuchen. Sie gehörte der Waschmaschine, dem Wischmopp, dem Staubsauger, auch dem Flickzeug, den Schubladen, der Badewanne und allen dazugehörigen, teils widerspenstigen Körpern, dem Bettzeug, Kleiderschrank etc. Nach der Arbeit ist vor der Arbeit. Oder so ähnlich. Der freitägliche Gruß zum schönen Wochenende wird ihr leicht bizarr erschienen sein; im besten Fall quittierte sie ihn mit Gelassenheit. Aber da ist meinen tippenden Fingern vielleicht auch nur der Wunsch Vater des Gedankens. Apropos: Wo steckte M.? Meist auf Regionalkonferenzen, hitzigen Sitzungen, Treffen mit ehrenamtlich Engagierten. Irgendetwas musste immer besprochen, eingetütet, ausgeheckt werden. Bahn für alle, Brot für die Welt. Es herrschten beschissene Zustände, wohin man auch schaute, das war klar. Der boxende Papst im Kettenhemd. Tausend Fronten. So lernte ich, den Bogen wieder schließen, Stachanow auch am Samstag nicht kennen. Samstags änderte sich jedoch, nicht unwichtig, das TV-Regiment. Ohne Limits, *out of control*. Nur vier Sender, aber die Geste zählt. Ich habe diese schnorchelnde Trägheit im Schlafanzug, keine geregelten Mahlzeiten, dafür Süßigkeiten im Übermaß, also jede dem kleinen Kopf denkbar willkommene Ablenkung, irgendwann abgelehnt, ich wollte, das war mein Alter, wieder Struktur. Und musste mich mühsamst aus diesem Sumpf rausziehen, Gegenstrukturen etablieren. War ich S. böse? Sicherlich nicht, ich, das älteste Kind, kriegte ja sehr wohl mit, welchem Zweck dieser unaufhörlich süßen Brei produzierende Topf diente. Und Hilfe wurde abgelehnt.

Sonntag

Einmal, ich erinnere mich, fuhren wir in ihr Büro. Kleine Reise, sonntägliche Ruh. Musste sie etwas erledigen oder ging es wirklich um eine Besichtigung vor Ort? Beeindruckt vom großen Gelände, den hohen Bäumen, Räumen, den vielen klickernden Schlössern und Türen, wir wanderten ins Dachgeschoss hinauf. Ein dunkler, sich weit streckender Kasten, vollgestellt mit Akten, Ordnern, Papieren, ein Doppelfenster: und dort. Dort unten ästen, eingezäunt, friedlich ein paar Rehe, kleine Schar, vielleicht eine Familie. Drum herum das still schwankende Grün. Ich war restlos begeistert. *snapshot.* Wenn du hier den ganzen Tag sitzen musst, so mein damaliger Kopf, dann ist das gut, dann bin ich fein damit. Äsende Tiere. Besseres kann man sich und allen anderen kaum wünschen. Wie ordentlich, unordentlich die Schreibtischfläche war? Ich weiß es nicht, würde es auch zu sehr mit jüngeren Blicken auf ihre Unter- und Ablagen verwischen. Was ich viel später erst entdeckte: Wenn ich das *Dipl.-Psych.* gesprächsweise erwähnte, ging im Gesicht des Gegenübers ein Rucken los; minimale Veränderung. Und eigentlich immer vollständig zu meinen Gunsten. Mutmaßten die einen Universen der Achtsamkeit, unterstellten die anderen mir zwangsläufig Reservoire der Empathie. Da schauen wir zwei uns staunend an, werfen Eukalyptus ein und legen zum Lachen uns ins Laub. Diese wundersamen Kurzschlüsse, quer übers Feld.

Coda

Vor kurzem gab's was zu feiern. Dienstjubiläum, vierzig Jahre im selben Verein, also vierzig Jahre *hubhubhub* und *schubschuhu*, im Grunde, ganz klar, eine Figur aus dem letzten Jahrhundert. Es hat nicht viel mit Treue zu tun, mit großem Gefühl, nein, es ist Pragmatismus, tägliche Praxis, Gewohnheit und Engagement, Mühsal, auch Angst: Angst vor Abbruch, Neuanfang.

Kalenda

Kein Murren, kein Klagen, immer *kantapper kantapper* ins Werk, frisch in die Aaabeit hinein. Vor einiger Zeit sprachen S. und ich am Telefon über jene, die, pünktlich zur Frist, mit Rentenbescheid, druckfrisch, ins Erdmöbel steigen. Eigentlich, sage ich, ein einfacher Fall: geplante Obsoleszenz. Mit grimmigem Nicken verständigen wir uns: so nicht.

Addenda

Ob mein Vater denn nun einen Beruf hatte? Aber sicher, Freunde, und welch schillernde Auswahl, ihr würdet staunen. Doch von alldem wusste ich, Kind, ja nichts. Nun, da auch die letzte Nase die Schulverpflegungsmanufaktur endlich verlassen hat, geht er gleich zwei Beschäftigungen nach und täte dies am liebsten noch drei Jahrzehnte lang. Denn ein klein wenig Geld soll noch rein. Franz Wer-nicht-arbeitet-soll-auch-nicht-essen Müntefering wäre molz auf ihn. Doch das allein ist es nicht, trifft nicht ganz. Was M. nach den langen Jahren der Streitschlichtung und Brotbeschichtung immer noch fehlt, war und ist die größere Anerkennung. Denn so ganz ohne geht es nicht, so monadisch ist niemand hier. Was aber hätten wir ihm denn attestieren können? Sicher, er war unser bester Mitarbeiter, hat sich nach Kräften, nach bestem Wissen stets bemüht, mal mehr, mal weniger Einsatz gezeigt. Doch Gehaltserhöhung, Weihnachtsgeld? Kollegialer Plausch, Betriebsausflug? War alles nicht drin, maximal fünf Tage Bildungsurlaub, doch sonst eben Heimarbeit *all day long*. Prämien gar? Betriebsrat? Aufstiegschancen? Da kichert ja ganz Kevelaer.

Kaśka Bryla

Das Reparieren von Uhren

Meine Mutter und ich trinken Kaffee, nebenher füllt sie ein Kreuzworträtsel aus. Das ist gut gegen Alzheimer. Zwischen den hohen Nadelbäumen brechen Sonnenstrahlen durch auf die moosige Wiese. Ich frage: Wie war das nochmal? Wie lange gab es diesen Schreibwarenladen? Bereits am Vortag hatte ich sie ausführlich zu ihrer Lebensgeschichte interviewt. Vielleicht ein halbes Jahr, antwortet sie. Nicht sehr lange. Warum willst du das alles so genau wissen? Sie sieht vom Kreuzworträtsel auf, zündet sich eine Zigarette an, der Hund springt auf ihren Schoß und lugt über die Tischkante zu mir herüber. Die Zigarette liegt zwischen ihrem Zeige- und Mittelfinger wie ein Zahnstocher im Schraubstock. Wäre dir lieber, ich schreibe nicht darüber? Ich greife nach der Schachtel. Für den Text werde ich bezahlt, füge ich hinzu. Im Garten bewegt sich nichts. Im Garten fliegt ein Amselpaar aus einer Thujenhecke in die nächste. Im Garten rennen Eichhörnchen über die Wiese. Du kannst ihn vorher lesen und entscheiden. Im Garten geht es richtig ab.

Wir dämpfen die Stummel in leeren Zigarettenschachteln aus. Wir lächeln den Hund an. Wir haben nie genug Kaffee in unseren Tassen und lassen das letzte Drittel übrig. Nein, mach nur, sagt sie. Außer du willst nicht, räume ich ein. Sie schüttelt den Kopf und sucht nach dem Wort für die Reihe links oben. Wenn wir etwas nicht sofort finden, denken wir, dass die andere es verlegt hat, und fragen: Warum hast du mir das weggenommen?

Um 5:35 schaltet sich der Radiowecker ein. Ö3, irgendein Pop-Song, ich blinzle, zuerst zum Wecker, dann zur Tür. Jemand steht im Türrahmen, hebt sich dunkel vom schalen Ganglicht ab, und ich erschrecke. Jeden Tag steht jemand im Türrahmen meines Kinderzimmers, und trotzdem erkenne ich nicht, wer das ist. Jeden Tag erschrecke ich erneut vor meinem Vater. Meine Mutter schläft. Die Firma, in der sie als technische Zeichnerin gearbeitet hat, ist in Konkurs gegangen, und eine neue Anstellung findet sie nicht. Die 80er sind schwieriger als die 70er. Für eine Weile arbeitet sie als Masseurin. Wenn mein Vater meine und seine Pausenbrote fertig eingepackt hat, stellt er das Frühstück für meine Mutter auf ein Tablett und bringt es ihr ans Bett. Jahre später mache ich es ihm nach. Jahre später entscheide ich, dass auch Frauen sich das Frühstück selbst machen können.

Mein Vater und ich sind überzeugt: Nichts ist unmöglich. Wir glauben an den Kampf und den Sieg. Wir sehen zum Himmel hinauf und denken, dass Astronomie der interessanteste Studiengang ist und dass Menschen unserem Lächeln nicht widerstehen können. Wir tragen gebügelte Hemden und tauschen die Schnürlsamthosen. Wir klauben die kranke Taube am Schwedenplatz auf und nehmen sie mit nach Hause. Weil sie trotzdem stirbt, schaufeln wir ihr ein Grab.

Ich schlurfe in die Küche. Auf dem Holzbrett warten zwei Scheiben Toast. Während ich den Schmelzkäse vom Hofer auf den Toastscheiben verteile, läuft auch hier Ö3. Es ist der einzige Sender, den das alte Gerät empfängt. Für meinen Vater macht es keinen Unterschied, solange er einmal in der Stunde Nachrichten hört. Deutsch ist deutsch. Er steht dicht neben dem Radio und das Radio auf dem Fensterbrett. Das Fenster geht in den Garten hinaus, und wenn die Thujenhecke niedrig geschnitten ist, sieht man bis zur Straße. Ich beobachte meinen Vater. Sobald meine Pausenbrote fertig sind, schmiert er seine eigenen. Seine Kollegen im Büro gehen gemeinsam zum Mittagessen ins Restaurant. Mein Vater bleibt und isst Brote. Schließlich gibt es zwei Familien, die ernährt werden wollen. Weder die eine noch die andere Frau verdient Geld, also kein Mittagsmenü für meinen Vater. Er ist Ingenieur. Die Menschen im Büro sind freundlich. Manchmal darf ich mit. Alle Brote bekommen eine Serviette als Schal umgelegt und Alufolie zum Schutz. Aus den Pausenbroten quillt die Butter, die Käsescheiben sind zu dick, nicht nur einmal schmeiße ich sie in der großen Pause in den Müll und hole mir eine Packung Chips vom Büffet. Der Bademantel meines Vaters ist aus Frottee, und noch hat er sein Toupet nicht befestigt. Das macht er zum Schluss und überhaupt nur wegen mir, betont meine Mutter, damit die anderen Kinder nicht lachen, weil er so alt ist.

Kurz nach sechs verlässt er das Haus und fährt 1,5 Stunden mit dem Auto ins Büro. Kurz vor halb sieben verlasse ich das Haus und gehe zehn Minuten zur Bushaltestelle, nehme den 24A, der mich bis zum Kagraner Platz bringt, steige in eine Straßenbahn bis Floridsdorf und dort in eine weitere nach Strebersdorf, von deren Endhaltestelle ich noch einmal zehn Minuten bis zu meiner katholischen Privatschule laufe. Etwa zeitgleich erreichen wir, mein Vater und ich, unsere Arbeitsplätze. Den Großteil des Jahres ist es draußen dunkel: wenn wir das Haus verlassen, wenn wir zurückkommen. Sofern es keinen Stau gibt, ist mein Vater kurz vor mir zu Hause. Meistens gibt es Stau.

Wenn wir zugleich ankommen, stehen wir müde im Esszimmer, den Blick hoffnungsvoll auf den leeren Tisch gerichtet. Meine Mutter steht im Türrahmen zur Küche und fragt: „Was möchtet ihr gerne essen?" Wir antworten nicht. Mein Vater geht hinauf ins Schlafzimmer und legt sich kurz hin. Ich zwänge mich an meiner Mutter vorbei und schneide mir zwei Scheiben Brot ab. „Willst du nicht warten, bis es Essen gibt?" Später kommt mein Vater in die Küche. Vor dem Fernseher treffen wir uns, mit Tabletts auf dem Schoß und schauen die Nachrichten an. „Für mich habt ihr kein Brot geschmiert?" Lachend setzt sich meine Mutter dazu und beißt von einer Scheibe meines Vaters ab. Die Liebe zu meiner Mutter ist das Meer.

Sie war Anfang 20, als sie allein nach Wien kam, ohne Deutschkenntnisse. Die Ausbildung zur technischen Zeichnerin hatte sie dem Kommunismus zu verdanken. Ihr Vater hatte noch Kohlen in Brennöfen geschippt und ihre Mutter hatte geputzt. Mit einem älteren Bruder und einer älteren Schwester war sie in einer Ein-Zimmer-Wohnung in Warschau aufgewachsen. Dort lernte sie im Büro meinen Vater kennen: Er, Anfang 40, verheiratet mit Kind, war jederzeit bereit, das vom russischen Kommunismus verstrahlte Polen zu verlassen. Ihr erstes Jahr als Ausländerin aus dem Osten verbrachte meine Mutter so wie die meisten: putzend. Bis mein Vater nachkam. Ingenieure waren Anfang der 70er

Jahre in Österreich begehrt. Zehn Jahre später wurde ich geboren, vorher heirateten sie, wenn auch vornehmlich aus staatsbürger- schaftlichen Gründen. Meine Halbschwester war zum Zeitpunkt meiner Geburt bereits erwachsen und studierte in Polen Medizin. Meiner Mutter genügte es, dass es mich überhaupt gab. Jeden Sonntag, bis ich elf Jahre alt war, ging mein Vater mit mir ins Schwimmbad. Bevor ich schreiben lernte, konnte ich Gegen- stände in allen Größen aus fünf Metern Tiefe an die Oberfläche holen, aber vom Zehn-Meter-Brett sprang ich nie.

Mein Vater wurde 1926 in der Kleinstadt Sambor, in der Nähe von Lwów geboren, auf Ukrainisch Sambir und Lviv, auf Deutsch Sambir und Lemberg. Während ich diesen Text schreibe, gehören Sambir und Lviv zur Ukraine. Gestern stand Lviv unter Beschuss. Russland führt Krieg. Als mein Vater ein Kind war, gehörten die Gebiete des ehemaligen Ost-Galizien, der heutigen Ost-Ukraine, zu Polen. Ich habe es versäumt, sowohl meine Großmutter als auch meinen Vater zu fragen, was er als Kind gefrühstückt hat. Lediglich von einem Kirschbaum im Garten weiß ich, von einem Schäferhund, der Männchen machte, und von einem Jungen, der vor seiner Mutter, die ihn mit einem Kochlöffel verfolgte, auf den Kirschbaum floh. Während des Zweiten Weltkriegs gehör- ten mein Vater und sein zwei Jahre älterer Bruder Zdzisław der Armia Krajowa an, der polnischen Heimatarmee, die der polni- schen Exilregierung in London unterstand. 1943, mit siebzehn Jahren, wurden er und sein Bruder verraten, verhaftet und in ver- schiedene Gulags nach Sibirien deportiert, wo Zdzisław starb, mein Vater aber nach drei Jahren freigelassen wurde. Warum, weiß ich nicht mehr genau. Es hatte etwas mit dem Reparieren von Uhren zu tun.

Es ist 6:10. Ich höre, wie die Tür ins Schloss fällt, und stelle mir vor, wie er in den beigen VW-Golf mit dem Firmenlogo einsteigt. Mein Vater sagt: Vergiss nie, wo du herkommst. Meine Mutter sagt: Hauptsache, es geht dir gut. Wenn wir zusammen im Auto nach Polen fahren, mein Vater auf der Rückbank schläft, ich vorne sitzen darf und meine Mutter steuert, flüstere ich ihr zu: Schneller! Fahr schneller! Und meine Mutter steigt aufs Gas.

Joachim Geil

Verhältnisse

An einem Winterabend 1977 stand die Kollegin im Wohnzimmer. Sie war die erste und für lange Zeit einzige Person aus dem
Amt, der ich begegnet bin. Mein Papa fuhr jeden Tag aufs Amt.
Die große Aktentasche stand im Flur. Dann wurden die Butter-
brote, die meine Mama geschmiert, und die Thermoskanne, die
meine Mama befüllt hatte, eingepackt. Auf dem Amt, das ich mir
mit großen Fenstern und Ausblick auf einen durchweg grauen
Himmel vorstellte, gab es eine Frau Faust, einen Herrn Öchsner, einen Herrn Welsch und einen Herrn Strasser. Da mein Papa
immer vom Strasser-Ludwig und vom Welsche-Bernhard sprach,
denke ich, dass sie sich auf dem Amt duzten und vielleicht bei
Betriebsfeiern und -ausflügen zusammen lachten, tranken und
rauchten. Das Amt war das Finanzamt Kandel, nicht weit von
der Stadt meiner Kindheit.
Gegen fünf Uhr abends war der Papa vom Amt zurück und
es gab Nachtessen. Meine Mama hatte den Tisch gedeckt und
deckte diesmal für die junge Kollegin, Frau Fischer, die Eveline,
mit, denn das Schneetreiben machte eine Weiterfahrt zu ihrem
Mann unmöglich, in ein Dorf „hinnenaus", mitten im Pfälzer-
wald. Dreißig kurvenreiche Kilometer waren zu riskant für Frau
Fischer, die bereits einen schlimmen Autounfall hinter sich hatte,
eine kleine Narbe im Gesicht erinnerte daran. Sie ging freundlich
auf uns Kinder ein, meinen Zwillingsbruder und mich. Ich fand
es aufregend, dass das Schneetreiben nun unverhofften abend-

lichen Besuch hereingewirbelt hatte. Aufregend war, dass der stille, aber massiv fallende Schnee im Lichtkegel der Straßenlaternen kein Ende nahm und die Konturen der Straße gänzlich im wattigen Weiß verschwanden. Nichts war wie zuvor. Aufregend war auch, dass das Sofa mit einem Bettlaken bespannt werden musste. Meine Mama musste also das Sofa mit einem Bettlaken bespannen und verwandelte das Wohnzimmer in ein Schlafzimmer. Die Dinge gerieten aus der Ordnung, wurden von ihren Zwängen befreit. Man erwartete das Sofa, und auf einmal gab es ein Bett. Gibt's denn so was? Es war dermaßen aufregend, dass wir noch in unseren Schlafanzügen um Frau Fischer, die Eveline, also Fischer-Eveline, herumturnten und davon ausgingen, dass es für sie unglaublich interessant war, solch aufgeweckte Jungs kennenzulernen. So gesehen hatte das Schneetreiben für die Eveline doch auch sein Gutes. Es war einfach ein Tag, an dem alles anders war als sonst.

Aber das Jahr 1977 war ohnehin das Jahr, das alles anders machte. Nichts würde danach so sein wie zuvor, denn mein Bruder und ich kamen in die Schule, wir wurden eingeschult, wie man etwas eintütet oder eindost oder wie Tante Elle Obst einmachte. Im Mai 1977 hatte ich eine völlig überraschende Begegnung mit meinem Onkel Jan, dem Bruder meines Papas, der als Ingenieur in einem Chemielabor arbeitete. Es war neblig, als unser neues Auto, der senegalrote Golf L, bei einem Ausflug zum Rastatter Schloss von der Polizei angehalten wurde. In graugrüner Uniform stand Onkel Jan vor uns und schaute ins Auto. Er trug eine Maschinenpistole und war gar nicht Onkel Jan, er hatte nur den gleichen Bart wie er. Onkel Jan trug sicher einen weißen Kittel in seinem Labor.

Von der Ähnlichkeit war ich kurz verwirrt, viel verwirrter als von der Maschinenpistole, denn der geschichtliche Zusammenhang, in dem ich mich damals im Nebel vor Rastatt befand, erschloss sich mir natürlich erst später, wie der geschichtliche Zusammenhang meiner gesamten Familie. Wir waren in die Fahndung nach den Mördern von Siegfried Buback hineingeraten. Nachdem die mutmaßlichen Täter in Singen gefasst worden waren, suchte man einen silbergrauen BMW, der gerade eine Polizeisperre durchbrochen hatte. Ich weiß nicht, ob der Polizist seine Arbeit gern machte, aber Onkel Jan machte seine Arbeit gern, so wie er davon erzählte. Das unterschied ihn von seinem älteren Bruder, meinem Papa. Ja, dankbar sein, wer wollt es nicht?

Meine Mama war die älteste Schwester von dreien, wie auch mein Papa der Älteste von dreien war. Bei Zwillingen war das anders, da gab es einmal eine Überraschung, aber dann waren sie direkt da, zum Beispiel im Abstand von zwei Minuten, und man wusste Bescheid.

Meine Mama war für drei Jahre die einzige Tochter. Als sie Hausfrau und meine Mama war, ahnte ich schon: Eigentlich machten einige in meiner Familie nicht das, was sie eigentlich gern gemacht hätten. Nur Onkel Jan liebte sein Labor und das Essen, machte Pizza selbst, fand Oregano wichtig und begeisterte uns Zwillinge mit rückwärts abgespielten Super-8-Filmen, besonders über den Verzehr von Grillwürsten.

Als Hausfrau tat meine Mama das, was nicht beruflich anerkannt schien: Sie besorgte den Haushalt. Sie kümmerte sich aufopferungsvoll um die beiden rothaarigen Buben, die anstatt eines erhofften Einzelmädchens seit sechs Jahren durchs Haus tobten.

Nach dem Kindergarten und seit Neuestem nach der Schule gab es Mittagessen, an dem auch der Opa, Mamas Vater, teilnahm. Er wohnte im zweiten Stock, und es war sein Haus, das wir bewohnten. Vor dem Mittagessen musste sie ihm den obersten Kragenknopf schließen, denn seine rechte Hand trug er unbeweglich in einem grauen Wollhandschuh. Für ihn musste das Fleisch vorgeschnitten werden. Das musste meine Mama besorgen, denn der Opa trug sein Gebiss einfach nicht. Und wichtig war, dass auch für den Papa noch was übrigblieb, das dann kurz vor fünf aufzuwärmen war. Bei der Bewirtung des Opas wechselte sich meine Mama mit meiner Großtante Elle ab, die das für ihren Schwager immer in dessen Küche im zweiten Stock erledigte und dann wieder nach Hause ging, in das kleine Haus mit dem großen Garten am Anfang der Straße, das Haus ihres verstorbenen Vaters, eines Landpfarrers, in das sie nach ihrer Pensionierung als Finanzamtmännin wieder eingezogen war.

Dieses eigenartige Haus mit Backsteinsockel, Blendfachwerk und Flachdach war für die rothaarigen Zwillinge zum Hort einer glücklichen Kindheit geworden, während meine Mama sich ausruhte von den unentwegt quasselnden Jungs, die ihr mitunter auch Arrangements von katastrophischer Unordnung zumuteten, zum Beispiel aus Schnipseln ganzer Versandkataloge, auf denen dann der Inhalt aller erreichbaren Schränke und Schubladen schwamm, und obenauf die Jungs, splitternackt im Schnipselmeer.

Unsere Nachmittage bei Tante Elle wurden beherrscht von dem, was es nur jenseits des beruflichen Getriebes gab, von einer zwanglosen Langsamkeit. Heute weiß ich, dass meine Mama sehr wohl einen Beruf ausgeübt hatte, den sie aber mit der Schwangerschaft aufgab. Auch sie hatte auf einem Finanzamt gearbeitet, schon seit sie 16 war. Auf der Finanzschule hatte sie dann meinen Papa kennengelernt. Sie waren Kollegen, aber auf verschiedenen Ämtern. Als Hausfrau und Mutter befand sie sich nun in jener unsichtbaren Gefangenschaft, in der sich das Private mit der tagtäglichen Arbeit kurzschloss. Da gab es kein Entkommen. Ihr Leben, privat und beruflich, hatte sie sich anders vorgestellt. Die gleichförmigen Erfordernisse des Haushalts waren meiner Mama ein Graus, und dennoch ist das ihr abgerungene Kochen ein bis heute gültiger Maßstab kulinarischer Qualität, ihrem Mann und ihren beiden Häschen sollte es ja schmecken.

Das Privatgefängnis mit der heute klar benannten Care-Arbeit, die meine Mama leistete, war geprägt von den unausgesprochenen, unverrückbaren und unerträglichen Erwartungen, die an sie gestellt wurden. Erwartet wurde die Unsichtbarkeit ihrer Arbeit. Allen geht's gut, na dann ist gut. Ja, dankbar sein, wer wollt es nicht? Aber wie würdigt man eine durch tätige Ignoranz bewirkte Unsichtbarkeit? Mit einem fingerbemalten Blumentopf zum Muttertag?

Die beruflichen Glücksverhältnisse meiner Eltern gingen weit in die langarmige Vergangenheit zurück. Über zwei Generationen war ein latentes, versteckt und verdrängt schlummerndes Unglücklichsein weitergetragen und den Kindern aufgehalst worden. Besonders meine Mama trug daran.

Valentin, ihr Großvater, also der Vater meines gebisslosen Opas Gustav, war von außergewöhnlicher musikalischer Begabung, aber für eine großbürgerliche, damals noch in Bonn lebende

Familie von Bankiers und kaiserlichen Konsuln nicht standes-
gemäß, ein charmanter Bürstenhändler und Schuhmacher. Mit
dem Männergesangverein Apollo, dem er angehörte, machte er
dasselbe, was er mit den Brüdern seiner Frau machte: Er verun-
treute Geld und fälschte Wechsel, insgesamt über 34.000 Mark.
Und dies, während sein zehnjähriger Sohn, der von ihm das
absolute Gehör geerbt hatte, am Conservatorium der Musik in
Coeln bei der ebenfalls frühbegabten Pianistin Elly Ney Unter-
richt erhielt, bis sein Vater von der Staatsanwaltschaft gesucht,
aber nie gefunden wurde. Mein Opa Gustav hätte trotz dieser
ehelichen Zerrüttung und sittlichen Verfehlung wohl gar Konzertpianist wie seine Lehrerin werden können, wenn ihm mit 21
an der Somme nicht eine Granate die Hand zertrümmert hätte. So
stellte er später an seine Tochter, meine Mama, vor dem für ihn
unspielbaren Tafelklavier unspielbare Erwartungen. Die ersten
unerfüllbaren Erwartungen ihres Lebens.
Davon ahnten die beiden Rotschöpfe freilich nichts, als sie in
Tante Elles Paradiesgärtlein Gladiolen und Dahlien zogen, in
der Küche Marmelade kochten und im Stübchen, dem kleinen
Esszimmer, in Pappschachteln alte Stoffblumenanstecker des
Winterhilfswerks fanden. Ich steckte mir einen Blechanstecker
mit dem Schriftzug BDM an. Später sagte meine Mama, als Kind
sei sie todunglücklich gewesen, dass sie noch zu jung für den
BDM war, dabei hätte sie so gern diese Uniform getragen, sie
sei ihr so schick vorgekommen. Vielleicht hatte sie in der unifor-
mierten Zeit auch den eigenartigen Respekt bemerkt, der einem
in Uniform gezollt wurde. Kleine hellblaue Tabletten gaben ihr
nun die Ruhe zurück, wie uns kleine weiße Tabletten Vitamin C

gaben und meinem Papa die Süße im Kaffee.

Der Vater meines Papas war ein kommunistischer Maschinenschlosser aus Mannheim-Waldhof, aber in seinem Selbstverständnis einer der letzten Universalgelehrten. Dies bezeugte eine bronzegestrichene Goethebüste aus Gips, eine umfangreiche Fossiliensammlung, ein ausgefeiltes Wasserbeckensystem mit Beobachtungsposten im Garten und eine naturkundliche Bibliothek, zu der auch eine dreibändige Biografie über Leonardo da Vinci gehörte.

Mein Papa war der Sohn jenes letzten universalgelehrten Maschinenschlossers, der zugleich das körperliche Gebaren des alten Goethe verinnerlicht hatte. Die dazugehörige Oma erlebte ich als mürrische Köchin fettiger Suppen, aber als Hausfrau hatte sie einst dafür gesorgt, dass die frischgedruckten Flugblätter verschwunden waren, bevor die Gestapo kam.

So lag die Leidenschaft meines Papas in Texten, die er las – Fontane, Hesse, Lenz –, und Texten, die er schrieb. Aber davon erfuhr ich erst später. Bei Diktatübungen mit seinen eingeschulten Jungs brachte er beachtlich kommahaltige und dabei urkomische, ins Surreale hinübergleitende Satzgebäude zustande.

Vielleicht wäre mein Papa aus den Zwängen der Verhältnisse ausgebrochen, wenn er für einen Achtundsechziger nicht zu alt und als Sohn eines nur gefühlten Akademikers zum Studium nicht prädestiniert gewesen wäre.

Dass mein Papa nicht mit Freude und Lust aufs Amt ging, sondern mit einer eingeübten Abgefundenheit, führte sicher dazu, dass ich außer von der Frau Faust und dem Herrn Öchsner, dem Strasser-Ludwig und dem Welsche-Bernhard und den ab und an auftauchenden rätselhaften Wörtern „Außendienst", „Betriebsprüfung" und „OFD" nichts mitbekam.

Nur die Kollegin, Frau Fischer, die Eveline, blieb über Nacht.

Daraus wurde eine Freundschaft zwischen zwei Familien, die zu regelmäßigen Sonntagswanderungen führte, mit Hähnchenschlegel und Zimtkaugummi, zu Tagen des Glücks, nachdem Mama die Brotdosen und Trinkflaschen befüllt hatte.

Bleiben die Fragen: Wäre mein Opa tatsächlich Konzertpianist geworden und nicht nach einer achtsamen Karriere in der Ortsgruppe 1945 als „dénonciateur à la Gestapo" verhaftet worden? Wäre meine Mama als Finanzbeamtin wirklich Passagierin eines Kreuzfahrtschiffs mit Captain's Dinner geworden? Wäre mein Papa womöglich Schriftsteller geworden, wenn sein Vater Akademiker gewesen wäre?

Ich wurde das Opfer einer glücklichen Kindheit, für einen Schriftsteller eine echte Bürde ... wenn sich nicht zum Glück erwiesen hätte, dass das alles ja gar nicht so war.

Doris Akrap

Baustelle

Es gab ein Versprechen. Ich würde den tragbaren Radiokassetten-recorder mit Audio-Stopp-System bekommen, wenn ich meinem Vater auf der Baustelle helfe. Erpressung, Kinderausbeutung, billige Arbeitskraft, familiäre Zwänge, frühe Gewöhnung an die Regel, dass nur wer arbeitet, auch essen darf – all das kam mir überhaupt nicht in den Sinn. Im Gegenteil. Das Angebot, mit meinem Vater auf die Baustelle zu fahren, bedeutete mir mindestens so viel wie die Aussicht auf ein eigenes Musikgerät. „Baustelle", was für ein schönes Wort. Wenn mein Vater es aussprach, liefen vor mir unscharfe Bilder ab mit doch sehr klaren Botschaften von Zukunft, von Aufbruch und Abenteuer, von Erwachsensein, Lässigsein, Überhaupt-wer-sein. Vorstellungen, die bei anderen vielleicht durch das Wort „Weltraum" ausgelöst wurden.

Mein Vater arbeitete immer auf Baustellen, er war „auf Montage". Baustelle und Montage waren für mich als Kind Begriffe wie verzauberte Orte. Weil es Orte waren, an denen man nur Männern begegnete, Männer, die „Mahlzeit" sagten, Werkzeug durch nach noch feuchtem Beton riechende Treppenhäuser trugen, Männer, die zwischen Zementlachen, Palettenhaufen, Farbeimern, Klebestreifenresten, halbleeren Silikonflaschen, verkleisterten Schubkarren und Betonmischern sich Dinge zuriefen, Witze und Pausen machten.

Ein paar Mal war ich mit meinem Vater an so einem Ort gewesen, aber immer nur ganz kurz, um irgendwas abzuholen oder hinzubringen. Nun sollte ich an einem solchen Ort als 13-jähriges Mädchen auf Augenhöhe mit den Bauarbeitern Bretter in den 6. Stock schleppen, mit einer Bohrmaschine Küchentüren montieren, mit einer Stichsäge Latten zurechtsägen. Und zur Baustelle mit dem großen Lkw auf dem Beifahrersitz fahren. Ich war aufgeregter als vor jedem Schulausflug.

Die Baustelle, auf der ich helfen sollte, befand sich in den Lee Barracks in Mainz-Gonsenheim, knapp 20 km entfernt von zu Hause. Dort wurden die Wohnungen in den Häusern der Angehörigen des US-Militärs saniert. Mein Vater hatte den Auftrag, dort die Küchen zu montieren.

Das normale Baustellenleben sollte ich jedoch nicht kennenlernen, da ich nur an Feiertagen und sonntags mit auf die Baustelle durfte. Nicht etwa, weil ich sonst nicht zur Schule hätte gehen können, sondern weil sonst Aufseher meinem Vater gesagt hätten: „Morgen schlafen Jugoslawien", ihm also mit Anzeige und Abschiebung drohen würden, hätten sie mitbekommen, dass er minderjährige Mädchen beschäftigte. Ein bisschen mulmig fand ich das schon, zumal auch ich keinen deutschen Pass hatte, sondern jugoslawische Staatsangehörige war, so wie mein Vater. Aber eigentlich machte es das Ganze nur noch attraktiver. Es lag nun noch mehr Abenteuer in der Sache, die sowieso schon abenteuerlich genug war. Denn in dieser Zeit sprach meine Mutter oft tuschelnd von „Schwarzarbeit" und das ich bloß nicht rumerzählen solle, dass mein Vater arbeitslos sei. Ich verstand nicht, was sie meinte, da mein Vater ja ständig arbeitete und schwarz war er darüber auch nicht geworden. Sogar ein Radiokassettenrekorder war plötzlich in Reichweite gekommen.

So verbrachte ich zwischen Ostern und Sommer diverse Feiertage auf der Baustelle und fühlte mich wie eine der Schrauben, die ich in die vorher dafür gebohrten Löcher drehte. Mein Vater gab mir Werkzeuge und Maschinen in die Hand und nur spärliche Anweisungen wie „So geht's an. So aus." Ich nahm das als Vertrauensvorschuss und ließ die Bosch mit gespielter Gelassenheit Vorbohrlöcher in kleine Holzträger fräsen, schleppte Werkzeuge von A nach B, kehrte Dreck zusammen. Meistens gelang mir alles ohne nachzufragen. Das hätte ich mich allerdings sowieso nicht getraut, da mein Vater klar signalisierte, dass ich das alles irgendwie selbst rauskriegen müsse und schon hinkriegen würde. Vielleicht dachte er so, weil auch er sich alles selbst hatte beibringen müssen. Gesagt hat er das nie. So wie er nie über das SS-Massaker von 1943 in seinem dalmatinischen Geburtsort Voštane sprach, in dem seine ganze Familie ermordet worden war, nur er und eine seiner Schwestern überlebten. Mein Vater wuchs bei entfernten Verwandten in Split auf, denen er dafür sein ganzes Leben lang vollen Herzens dankbar war und ihnen zurückzugeben versuchte, was er konnte.

Auf der Baustelle in Mainz-Gonsenheim war ich die meiste Zeit vor allem dazu da, meinem Vater irgendwas anzureichen, rauszusuchen und den Radiosender des billigen Küchenradios zu justieren, wenn die Musik schwächer zu hören war als das Geräterauschen. Es fiel mir schwer, es einzugestehen, aber in Wahrheit war ich nur da, damit mein Vater nicht alleine war.

Einmal versprach er mir eine große Überraschung. Als wir in eine der GI-Wohnungen kamen, in der wir die Küche renovieren sollten, ging er, was er sonst nie tat, ins Schlafzimmer. Es war niemand zu Hause. Er forderte mich auf, ihm zu folgen und ich sah ein Bett, einen Schrank, einen Teppich und meinen über beide Ohren grinsenden Vater. „Ein Wasserbett!", rief er und wartete darauf, dass ich mich genauso enthusiastisch über dieses Ding freute wie er selbst. „Los, probier's aus." Ich legte mich auf das Bett, konnte ihm aber beim besten Willen nicht berichten, dass es das Beste war, worauf ich je gelegen hätte. Es wackelte halt ein bisschen. Es war doch viel aufregender, die Löcher an den richtigen Stellen in die Holzleiste unter der Arbeitsplatte der Küche zu bohren.

Mein Vater war ein großer Bewunderer der USA. Das Versprechen, dort als Niemand und mit nichts was aus sich zu machen, hat ihn sein Leben lang fasziniert. Er wollte immer dort hin, bis zuletzt, als er krebskrank war und Geld sparte, um eine Behandlung in Nordamerika zu bezahlen, von der es damals hieß, sie sei die einzige Möglichkeit, noch was gegen die Krankheit zu tun. Er sollte es nicht mehr dorthin schaffen.

Dass ich dieses Wasserbett in der GI-Wohnung nicht richtig zu schätzen wusste, hat mich vielleicht nachhaltiger beschäftigt als ihn. Ich schämte mich dafür, seine Freude über diese amüsante Errungenschaft des amerikanischen Unternehmergeistes nicht teilen zu können. Vielleicht war es auch nicht Scham, sondern Traurigkeit. Eine schmerzende Melancholie, die sich immer auch dann in mir regte, wenn mein Vater auf der Baustelle das Signal gab, aufzuräumen, den Feierabend einzuleiten. Ich weiß nicht genau, warum. Vielleicht, weil der Tag zu Ende ging, vielleicht, weil die anderen jetzt schöne Küchen hatten und unsere zu Hause nicht halb so toll war? Vielleicht, weil es traurig war, einem schönen, starken, stolzen Vater dabei zuzusehen, wie er anderen Leuten die Mülleimer an die Küchentür schraubte und heimlich von dem Wasserbett im Schlafzimmer nebenan träumte, das er sich nie würde leisten können?

Nach Beendigung der Baustelle bekam ich den tragbaren Radiokassettenrecorder mit Audio-Stopp-System und nahm ihn mit auf unsere jährliche Sommerreise an die kroatische Adria, wo mein Vater ein Haus baute. Eine Verwandte meines Vaters lebte mit uns in dem neuen Haus und umgarnte Tag für Tag mein neues Gerät und kam gar nicht mehr davon los. Als ich es am Tag unserer Rückreise einpacken wollte, sagte mein Vater: „Lass es ihr doch da. Sie mag es doch so." Und dass es so was in Jugoslawien nicht gäbe und sie doch eine arme alte Frau sei. Schweren Herzens willigte ich ein. Ich durfte es aber nicht einfach stehen lassen. Ich musste es ihr persönlich übergeben und erklären, dass ich es ihr schenkte. Es fiel mir irre schwer. Sie aber nahm es bereitwillig an und mit in ihre Wohnung. Jeden Sommer, wenn wir sie besuchten, gingen Stiche durch mein Herz, wenn ich mein hart erarbeitetes Radio in der Küche der Großtante stehen sah.

Dass sich Lohnarbeit eigentlich nicht lohnt, hätte ich aus dieser Lektion lernen können. Aber das war nicht das Verständnis, das mein Vater von Arbeit hatte. Sein Verständnis von Arbeit war nicht in erster Linie, Geld für den eigenen Lebensunterhalt zu verdienen. Sein Verständnis von Arbeit war, dass sie Fortschritt bringt, für das eigene Leben, aber vor allem für das Leben all der anderen um einen herum. Es war dieses Arbeitsverständnis, was so viele „Gastarbeiter" hatten: Man war in erster Linie nach Deutschland gekommen, um der Familie zu Hause Geld zukommen zu lassen. Man war hierhergekommen, damit man den anderen helfen konnte. Zu welchen Problemen das führte, welche Missverständnisse, Erwartungen, Enttäuschungen und Verletzungen das mit sich brachte, darüber ist mittlerweile viel erzählt worden. Mein Vater sprach darüber nie.

Natürlich ließ auch er sich gern dafür feiern, dass er es geschafft hatte. Aber einen Mercedes, der zum Beweis dafür fast zwingend notwendig schien, hatte er nie. Er fuhr lieber schnelle Italiener oder Autos mit übergroßem Gepäckraum, in dem er bequem Kühlschränke, Autoteile, Waschmaschinen für die jugoslawischen Familien und Schweinehälften, Hühner, Schnapskanister und Weinkörbe nach Deutschland transportieren konnte.

Die Arbeit, in die er investierte, war Arbeit, die sich lohnen musste. Sein Verständnis von solcher Arbeit war, dass sie mehr leisten konnte als viel Geld und Status. Deswegen gründete er ein Subunternehmen und lotste alle seine Neffen, entfernte Onkel, Patenonkel und andere männliche Verwandte nach Deutschland auf seine Baustellen, damit sie ihm bei der Arbeit helfen und er sie offiziell bezahlen konnte. Aus den Erzählungen all dieser Männer weiß ich heute, dass sie meistens das gleiche taten wie ich: Radiosender justieren, Bretter in den 6. Stock schleppen, Werkzeuge anreichen, Dreck zusammenkehren und über Wasserbetten in amerikanischen Schlafzimmern lachen.

Jörg Sundermeier

Unterschneidern

Ich bin unterm Tisch groß geworden. Und an der Straße. Selbstverständlich war es nicht nur ein Tisch. Und ich war nicht ausschließlich unter Tischen und an der Straße. Ich war auch im Garten, im Wald (wo wir Kinder unsere Geheimnisse hatten), bei den Großeltern, auf Reisen und auf der Kirmes. Doch ich war sehr oft unterm Tisch und täglich einmal an der Straße. Werktäglich zumindest.

Beginnen wir mit der Straße. Aufgewachsen bin ich in einem Dorf, das dank einer Gebietsreform Teil eines anderen Dorfes geworden war, das sich heute stolz eine Stadt nennen darf. Wir sind in Ostwestfalen, sind in den Siebzigern und Achtzigern.

Als ich klein war, war die Straße, in der wir lebten, noch eine Sackgasse, man konnte bequem darauf spielen, kaum ein Auto fuhr über den groben Asphalt. Die Straße war also eine Spielstraße, bevor es den Begriff Spielstraße überhaupt gab. Für Kinder ein Paradies. An dem einen Ende der Straße kam die Querstraße, auf der durften wir nicht mehr spielen. Es fuhr der rollende Supermarkt dort und der Lkw-Fahrer, der seine Sattelschlepper nach langen Fahrten mit nach Hause brachte, und der Gemüsehändler und der Lehrer, und nicht alle fuhren nüchtern. Das wusste man, doch niemand unternahm etwas. Am anderen Ende der Sackgasse, am „Sack" ohne Wendemöglichkeit, war ein großer Sandhaufen, Bausand für Häuser, die noch zu bauen waren. Wir verstanden den Haufen als Berg und als Herausforderung, und wir rutschen an ihm bei fast jeden Wetter herab, im Winter auf Schlitten, im Sommer auf Plastiktüten, wir waren abends immer eingesaut. Dass meine Mutter mich lieber unterm Tisch sah, wird man verstehen können.

Hinter dem Haufen kam ein kleines Stück Feld, ein Wohnhaus, dahinter noch ein Wohnhaus, dann kam die Grundschule. Man musste um die Wohnhäuser herumgehen, denn wir waren ja schlaue Kinder und eben nicht wie der Mann aus der Sesamstraße (dt. Fassung), der beschlossen hatte immerzu geradeaus zu gehen und schließlich gegen Wände lief. Wenn ich des Abends um die Häuser herumgegangen war, ging ich nicht nach rechts, wohin ich hätte gehen müssen, hätte ich meinen geraden Weg wieder aufnehmen wollen und zum oder durch das Grundschulgebäude gehen wollen, nein, ich bog links ab, stellte mich da auf, wo damals noch keine Bürgersteige waren und kaum Häuser und wartete auf meinen Vater.

Ich konnte früh die Uhr lesen, da ich wissen wollte, wann *Calimero* kam. Meine Mutter behauptete des Öfteren, dass es heute keine *Calimero*-Folge gäbe, da sie meinen Anblick fürchtete, wenn das kleine schwarze Küken mit der Eierschale auf dem Kopf, Protagonist der Zeichentrickserie, von den „Großen" beleidigt oder veräppelt wurde. Ich weinte nämlich immer, da ich mich absolut identifizierte. Dass am Ende stets Calimero gewann, begriff ich noch nicht, ich war so beschäftigt mit seinem und meinem Schicksal, dass ich oft das Ende der kurzen Folgen verpasste. Doch wie konnte ich feststellen, dass meine Lieblingsserie lief? Zunächst fand ich heraus, dass manchmal Bilder von Calimero in der *HörZu* abgebildet waren, was bedeuten musste, dass heute eine Folge kam. Meine Eltern legten die Zeitung immer so hin, dass das jeweilige Programm des Tages aufgeschlagen war. Die Hauptfigur war allerdings nicht immer abgebildet, wenn Calimero kam, also musste ich lernen, das Wort *Calimero* zu erkennen – und die Uhr zu lesen, damit ich kombinieren konnte, und somit wusste, dass und wann meine Sendung kam. Welche großen existentiellen Probleme ich damit für mich lösen konnte, kann heute nur ermessen, wer einer Dreijährigen liebevoll, aber energisch das iPad wegnimmt, auf dem gerade *Bob der Baumeister* läuft.

Ein Nebeneffekt des Umstandes, dass ich die Uhr lesen konnte, war es, dass ich nun meinen Vater abholen konnte. Ich bin sieben Jahre jünger als mein Bruder, ein Nesthäkchen. War stets zu klein für meinen größeren Bruder. Mir war oft langweilig. Ich freute mich darauf, dass mein Vater von der Arbeit heimkam, denn nun gab es Essen, nochmal Fernsehen, dann ging es ins Bett und ich bekam vorgelesen oder las bald selbst. Damals war ich sehr einfach glücklich zu machen.

Dieses schöne Tagesende begann mit der Rückkehr des Vaters, also stand ich an der Straße und wartete auf seinen Wagen. Mein Vater fuhr VW, einen Käfer (Cabrio), danach einen Manta (Modell A), dann noch einen (Modell B), dann einen Vectra, und fast wäre es bei den Opels geblieben, hätte er sich nicht am Ende, in der Rente und Dank des Ersparten, doch noch den heißersehnten Mercedes leisten können. Dessen Anblick einige unserer Nachbarn verstimmte, da der Mercedes auf unserem Hof die sichtbare gesellschaftliche Hierarchie infrage stellte. Diese Verstimmung – man schnitt uns einige Wochen – genoss mein Vater sehr.

Mein Vater war in die Familie eines Schreiners und einer Kleinbäuerin hineingeboren worden, nun war er ausgebildeter Schneider und arbeitete in einem Unternehmen in unterer Leitungsfunktion, es war alles zunächst ein gelungener Aufstieg. Er rauschte mit seinem jeweiligen, immer ein wenig größer und ansehnlicher werdenden Auto an, pickte mich auf und fuhr mit mir die rund 300 Meter zu unserem Haus. Ihn freute dieses Abgeholtwerden, es beendete seinen Arbeitstag, und ich hatte mich lieb Kind gemacht, wir zogen beide unsere Vorteile daraus. Dass nicht alles rosig war, verstand ich nicht. Einmal fuhr mein Vater so in Gedanken versunken heim, dass er mich vergaß und an mir vorbeifuhr, ich musste zu Fuß zurücktapern und wurde daraufhin noch ausgeschimpft, da man mich nicht hätte sehen können, ich Sorgen verursacht hätte. Die Sorgen waren da vielleicht schon andere als nur die ums Kind.

Kommen wir zum Tisch. Meine Eltern haben in den Sechzigern ein Einfamilienhaus gebaut, das, da eine gewisse Traufhöhe vorgesehen war, aussieht wie ein Mehrfamilienhaus. Tatsächlich war vorgesehen, meinen Urgroßvater mit ins Haus aufzunehmen, der wollte dies aber nie, zog fort und heiratete erneut. Dieses Haus musste erwirtschaftet werden, obschon Bauland und Hausbau verhältnismäßig günstig gewesen waren, daher wurde meine Mutter nie zur einfachen Hausfrau, sondern arbeitete ebenfalls. Das missbehagte meinem Vater anfangs sehr, denn somit war seine Rolle als alleiniger „Ernährer" angekratzt, doch er blieb letztendlich pragmatisch. Der Wille zum Schuldenabbau besiegte die gekränkte Eitelkeit. Und er unterstützte meine Mutter sogar in ihrer Arbeit, indem er etwa jedes Wochenende das Haus putzte, einschließlich der Toiletten. Einige Nachbarsmänner wiederum glaubten eisern daran, dass die sichtbare gesellschaftliche Hierarchie nie erschüttert werden könne. Männer konnten doch gar nicht putzen. Mein Vater war folglich Ziel einigen Gespötts.

Meine Mutter war Schneiderin, mein Vater war, als sie sich ineinander verliebten, ihr Vorgesetzter. Zuhause teilten sie sich die Herrschaft weitgehend auf, symbolischerweise allerdings sollte mein Vater als Hausherr gelten, der Teil Ostwestfalens, in dem ich aufwuchs, ist sehr streng katholisch.

Meine Mutter arbeitete nach Hausbau und erstem Kind freiberuflich in einem eigenen Atelier, das sie passenderweise „Werkstatt" nannte. Darin sind mittig zwei riesige Tische aufgestellt, auf denen man auch gut im Schneidersitz sitzen kann, an der Wand stehen Nähmaschinen, Kleiderstangen, Kommoden für Nähutensilien und noch mehr Stoffe und Stoffreste, das Gros der Stoffe und Stoffballen liegt allerdings auf den Tischen und in eigens angeschraubten Fächern unter den Tischen.

Diese Werkstatt gibt es noch, meine Mutter arbeitet noch immer darin, auch im hohen Alter, sie liebt diese Arbeit, sie kann es nicht lassen. Das Geld ist dabei nicht wichtig, es geht eher um Gefälligkeiten.

Von der Werkstatt aus sind es wenige Meter bis zur Küche, dazwischen auf dem Flur steht ein Telefontisch, darauf das Telefon, es stand nie still. Kundinnen und Freundinnen riefen an, ständig. Meine Mutter ist sehr gut darin, Dinge zu erledigen, während sie den Hörer unters Kinn geklemmt hat, und die Länge des Telefonkabels wurde immer voll ausgenutzt.

In der Küche und in der Werkstatt saß ich, während meine Mutter werkelte, und ich saß immer unter den Tischen, an denen sie werkelte. Der Tisch in der Küche war hoch und groß und luftig, dort konnte man seine Holzeisenbahn aufbauen und um die Tischbeine herumführen, sonst so vorhandene Modellautos und Playmobil-Figuren und Legosteine wurden in diese Eisenbahnwelten integriert.

Öfter aber saß ich in der Werkstatt unter einem der beiden Holztische, es war dunkler dort, der Tisch war größer so wie auch der Platz unterm Tisch, ich war geschützter und unsichtbarer, und während meine Mutter zuschnitt und telefonierte oder Maß nahm und mit der Kundin plauderte, saß ich dort unten und ...

Hm. Was ich dort tat, als ich drei oder vier war, kann ich nicht sagen. Habe ich dort auch mit Bauklötzen gespielt? Mit Stofftieren? Ich weiß es nicht. Vielleicht war ich in dem Alter gar nicht unterm Tisch in der Werkstatt. Die Spielsachen jedenfalls waren, soweit ich mich erinnere, in der Küche verteilt (oder im Kinderzimmer), in der Werkstatt hatte ich sie nur sehr selten dabei.

Später, das weiß ich, habe ich unterm Tisch gesessen und Hausaufgaben gemacht oder Bilder- und Kinderbücher gelesen. Es war ein schöner Ort, ich war geschützt, in einem der Stofffächer, die unter den Tischen angebracht waren, hatte ich ein Art Geheimversteck. Es war mir klar, dass die Erwachsenen nicht unter den Tisch krabbeln würden. Was ich dort lagerte? Ich weiß es nicht, Murmeln, Gefundenes, Dinge, die Kinder für wertvoll halten.

Die Kundinnen meiner Mutter störte es nicht, dass das Kind unterm Tisch saß, während sie sich bis auf die Unterwäsche entkleideten, aufgrund meiner kindlichen Locken wurde ich eh zumeist für ein Mädchen gehalten, aufgrund meines Alters zurecht Unschuld vermutet. Und ich verstand eh nicht, was gesprochen wurde, ich las ja. Wenn ich hingesehen hätte, hätte ich Waden und Füße gesehen, so von unterm Tisch her, und die sah ich ja eh recht oft, sie bargen keine Geheimnisse.

Spätestens zu Beginn der Pubertät bin ich unterm Tisch hervorgekrochen. Ich bin auch nicht mehr zur Straßenecke gegangen und habe meinen Vater abgeholt.

Mein Vater wurde um mein zehntes Lebensjahr herum arbeitslos, die Textilindustrie in Westdeutschland brach zusammen. Die Arbeit wurde in die Ostblockstaaten verlagert, die wenige Jahre später zusammenbrechen sollten. Er musste eine kurze Zeit Aushilfsjobs machen, bevor er dank alter Kollegen in einer anderen Bekleidungsfirma eine Anstellung fand, als Schnittmeister. Über Arbeitslosigkeit und Aushilfsjob sprach er danach nie mehr.

Als Schnittmeister musste er festlegen, wie man die einzelnen Teile eines Mantels, einer Jacke, einer Bluse so günstig auf einer Stoffbahn verteilen konnte, dass möglichst wenig Verschnitt anfiel. Das machte er zunächst mit Schablonen auf großen Tischen, dann kamen Computer und die Tische schrumpften; als die Programme immer komplexer wurden, ging mein Vater bereits in Rente und interessierte sich danach kaum noch für Computer.

Meine Mutter arbeitete weiter, hielt den Laden am Laufen, nun hält sie sich am Laufen, die Arbeit strukturiert die Tage, die manchmal sehr lang und still sind, da mein Vater inzwischen gestorben ist.

Ich habe mich nach meiner Pubertät immer weiter distanziert von den Eltern, studierte, schrieb für Zeitungen, arbeitete im Verlag und es fiel mir lange Zeit schwer, zuzugeben, dass ich Sohn einer Schneiderin und eines Schneiders bin. Ich wollte „was Besseres" sein, dabei gibt es nicht so viel Besseres. Ein Vater, den man gern daheim hat, eine Mutter, die gern daheim ist, aber nicht auf eine Rolle reduziert – wie gut das ist, hab ich lang nicht begriffen.

Heute bin ich alter Aufschneider gern der Sohn meiner Eltern. Hervorgekrochen und nicht mehr abgeholt, aber zufrieden. Unter den Werkstatttisch meiner Mutter bin nie wieder gekrabbelt. Vielleicht gibt es sogar noch mein Geheimversteck. Ich verspüre keine Lust nachzuschauen. Ich bin woanders. Doch selbst da, wo ich gerade bin, komme ich immer von dort her, wo ich anfangs war.

Maria Milisavljević

Räume oder Was ist der Plural von „Zuhause"?

Teil 1: Das Haus am Ende der Straße

Das Haus stand am Ende der Straße. Die Legende war, dass mein Opa es vor vielen Jahren gekauft hatte und dann nicht hatte bezahlen können. So hatte mein Vater – damals erst neunzehn – einen Kredit für das Haus aufgenommen und es seitdem abbezahlt. Jeden Monat ein bisschen. Mein Vater hatte, das musste man sich merken, schon mit vierzehn Jahren begonnen zu arbeiten. Und meine Mutter hatte – schier unglaublich – sogar schon nach der sechsten Klasse die Schule verlassen, um in einem Bekleidungsgeschäft zu arbeiten. Doch meine Mutter sprach nicht gern darüber, warum sie in der sechsten Klasse schon vierzehn gewesen war und damit ihre Schulzeit vorbei zu sein hatte. Das Haus war ein großes Haus. Und es hatte zwei Wohnungen. Im oberen Stock wohnten meine Großeltern, die Eltern meines Vaters. Unten wohnten wir. Wir, das waren meine Mutter, mein Vater, meine kleineren Geschwister und ich. Im Dorf und in den Dörfern drum herum wohnten unsere Tanten und Onkels und Cousins und Cousinen. Und von denen gab es viele.
Es ist so: Mein Vater hatte fünf Geschwister, meine Mutter elf. Und so war immer jemand zu Besuch. Es war ein fortwährendes Kommen und Gehen. Und wenn keine Familienmitglieder am Küchentisch meiner Oma saßen, dann war es eine ihrer Freudin-

nen, die einmal die Woche mit dem Bus kamen, oder die Frau, die die Margarine verkaufte, oder die, bei der man die Seife bestellte, oder der Mann, der die Bürsten und Besen im Kofferraum hatte, oder eine der Nachbarinnen, für die meine Oma die Sammelbestellungen im Versandkatalog tätigte.

Damit es uns so gut ging, arbeitete mein Vater also schon immer und viel und überall. Er war gelernter Elektriker, aber hatte danach noch eine Ausbildung zum Elektrotechniker absolviert. Und so setzte er sich jeden Morgen in seinen Firmenwagen mit dem Kennzeichen, das nicht von hier war, und fuhr los. Er fuhr, sogar über die Grenzen unseres Bundeslandes hinaus, und reparierte Computer, die so groß waren wie ganze Räume. Er hatte immer einen Werkzeugkoffer dabei und trug Hemd und Krawatte. Denn die Kunden – diese unbekannten Menschen, die überall im Land wohnten – waren meist wichtige Menschen, die ihn wertschätzten für seine Arbeit. So erzählte er es am Abendessenstisch. Tagsüber aß mein Vater Graubrotbutterbrote, die er in den Händen hielt, während sein Auto über die Autobahnen raste und er mit den Knien lenkte. Manchmal trug er beim Autofahren nur Socken. Er fuhr mehr Auto, als dass er bei Kunden war, und fuhr oft umsonst irgendwohin und für ein Ersatzteil wieder zurück. So erzählte er es am Wochenende.

Mein Vater kannte alle Straßen und Städte, und wenn wir Ferien hatten, fuhren wir diese Straßen ab, damit er sie uns zeigen konnte. Wir hatten nie ein Ziel. Zumindest kein solches, wie es meine Schulkameraden in ihren Geschichten hatten: keinen Freizeitpark, kein Hotel. Wir fuhren Straßen entlang, und manchmal hielt mein Vater an und stieg über eine Leitplanke, um uns etwas zu zeigen. Einen Tagebau, einen riesigen Baum, eine Modelleisenbahn in einer kleinen Halle, einen Computer so groß wie ein ganzer Raum.

Hin und wieder half mein Vater Kunden noch spät abends oder am Wochenende. Wenn mein Vater unter der Woche länger arbeitete, war das traurig, weil er abends nicht da war, um uns etwas vorzulesen. Wenn er aber am Wochenende arbeitete, dann war das etwas Tolles. Denn, wenn er wiederkam, geschah immer etwas Besonderes. Einmal kam mein Vater mit einem Fresskorb zurück. Darin war Sekt und Kaviar. Dieser Kaviar schmeckte eigentlich nur nach schleimigem Fisch. Aber wir wussten, etwas daran musste wertvoll sein, denn er war, wie der ganze Fresskorb, in durchsichtiger Folie verpackt gewesen. Einmal, an einem solchen Samstag, gingen wir in ein richtiges Restaurant und aßen Pizza. „Der Kunde lädt uns ein", sagte mein Vater. Und einmal – das war das beste Mal – hatte mein Vater so sehr geholfen, dass er jedem von uns Kindern einen Hundertmarkschein in die Hand drückte. Wieder fuhren wir über einige Autobahnen. Nur dieses Mal hatten wir ein Ziel, eine Wunderwelt, in der sich Spielzeuge bis zur Decke stapelten: Toys 'R' Us. Fahrräder und selbstfahrende Autos, ein riesiger Dinosaurier aus Legosteinen und Barbies in funkelnden Kleidern, die in Vitrinen tanzten. Ich kaufte eine rosane Barbietoilette (sehr praktisch und äußerst schwer zu bekommen, aber dringend notwendig natürlich) und eine pinke Barbieküche. Den Rest der hundert Mark sparte ich.

Mein Vater arbeitete sehr viel. Für uns. Aber vor allem für das Haus am Ende der Straße. Und so rief er uns eines Abends zusammen. Er zog das Stück Papier hervor, das er „Schuldenberg" nannte. Es war ein großes Stück Millimeterpapier. Darauf gab es drei Linien. Eine ging nach oben, eine von links nach rechts. Und eine verlief zwischen den beiden anderen. Sie hatte kleine Abschnitte, war mal steil, mal nicht so steil und hatte bisher nie die untere Linie berührt. Mein Vater spitze einen Bleistift. Meine Mutter hatte Tränen in den Augen. Mein Vater nahm ein metallenes, dünnes Lineal und verband die zackige Linie zwischen den beiden anderen mit der unteren. Ein komisches Dreieck entstand. „Der Schuldenberg ist abbezahlt", sagte mein Vater. Und meine Mutter sagte: „Das ist der Grund, weswegen wir nie in Urlaub gefahren sind." Aber das wussten wir, denn dies war nicht der erste Strich. Und nach jedem kleinen Bleistiftstrich hatte sie das gesagt: „Deswegen fahren wir nicht in Urlaub."
Wir fuhren auch, nachdem der Schuldenberg abbezahlt war, nicht in Urlaub. Aber das war nicht so schlimm. Denn wir hatten das Haus am Ende der Straße. Und das Haus hatte den Garten, der im Sommer jeden Abend in Wildwasserfontänen gegossen wurde, den Bach, in den wir uns warfen, um uns abzukühlen, die große Eiche, unter der gegrillt wurde, die Linde, unter der wir zelteten, und die Wiese, auf der wir unsere Decke ausbreiteten und uns sonnten.

Teil 2: Die Wohnung unterm Dach

Seine Freundin hatte mein Vater bei der Arbeit kennengelernt. Sie war die Sekretärin eines jener wichtigen Kunden. Und bald war auch klar, dass sie der Kunde gewesen war, für den mein Vater oft abends länger arbeiten musste und sogar einmal für sechs Wochen in die USA hatte fahren müssen. Er zeigte uns die Fotos: er in San Francisco, in einer Zelle sitzend auf Alcatraz, er unter den Mammutbäumen im Yosemite Park. Sogar auf der *Bonanza*-Ranch war er gewesen. Und *Bonanza* war nicht nur meine Lieblingsserie, sondern auch die meines Opas. Ich rannte nach oben und zeigte ihm das Foto. Opa nickte anerkennend. Ich sah die Fotos immer wieder an. Und bewunderte meinen Vater, dass er an diese wunderbaren Ort hatte fahren dürfen. Dass jemand, den er kannte, die Fotos von ihm gemacht haben musste, verstand ich nicht. Erst Jahre später, als die Streits meiner Eltern lauter wurden und mein Vater nur noch selten nach Hause kam und das Leben im Haus stiller wurde. Da begriffen wir.

Am Anfang eines Sommers zog meine Mutter aus. Am Ende eines Sommers zogen wir Kinder aus. In einem Frühling zogen meine Großeltern aus. Ab dem folgenden Winter hatte mein Vater das Haus am Ende der Straße für sich allein. Für sich und seine neue Frau. Uns fand man mit unserer Mutter in einer Dachgeschosswohnung drei Städte weiter. Eine Wohnung, die christliche Freunde meiner Mutter uns überließen. Darin die Möbel ihrer Oma, die kurz vorher gestorben war. Und unter uns auf den beiden Etagen wohnten die christlichen Freunde, denen wir so leidtaten, dass wir keine Miete zahlen mussten. Denn mein Vater behielt sein hart erarbeitetes Geld für sich. „Wie immer", sagte meine Mutter.

Die Wohnung unterm Dach befand sich in einer Villengegend am Stadtrand. Es war eine große Wohnung, in der einige Zimmer nicht fertig ausgebaut waren. Schlafzimmer gab es zwei. Eines für meine Mutter und meinen Bruder, eines für meine Schwester und mich. Wir malten die Wände gelb an.

Dass die Wohnung keine Miete kostete, war sehr praktisch, denn meine Mutter fand erstmal keine Arbeit. Sie hatte vor einigen Jahren eine Ausbildung zur Pflegehelferin gemacht. Aber die Altenheime nahmen nur voll ausgebildete Pflegerinnen. Zwar suchten die mobilen Dienste, aber meine Mutter hatte kein Auto. Es war ein neues Leben, in dem wir von dem Geld auf unseren Sparbüchern und der Lebensversicherung meiner Mutter lebten. Denn so ist das ja, sagte die Dame vom Sozialamt, die immer besonders langsam sprach, wenn meine Mutter den Raum betrat. „Erstmal alle Reserven aufbrauchen." So erklärte es meine Mutter am Mittagstisch.

Im Winter dann meldete der Bruder meiner Mutter einen Wagen auf seinen Namen an und so hatte meine Mutter ein paar Monate darauf Arbeit bei einem der mobilen Pflegedienste. Sie arbeitete ganztags und kam müde nach Hause, um mit mir dann abends die Praxis einer Ärztin, die in einer der Villen nebenan wohnte, zu putzen. Es war eine neurologische Praxis, in Brauntönen gehalten, in einer Altbauwohnung im Stadtzentrum.

Es war still, wenn wir putzen gingen. Zu still, denn in dem großen Altbau wohnte niemand. Die Fußgängerzone der Kleinstadt, die vor den Fenstern lag, war nach Ladenschluss wie ausgestorben. Draußen die Straßenlaternen und in der Praxis dumpfes Licht. Denn tagsüber war sie ja tageslichthell erleuchtet, diese Altbauwohnung. Niemand außer meiner Mutter und mir brauchte diese dumpf leuchtenden Lampen.

Am liebsten putzte ich das kleine WC auf halber Treppe. Weiße Kacheln und eine Klopapierrolle, deren Ende ich zum Dreieck falten durfte, wenn ich fertig war. Als Belohnung. So fühlte es sich an. Ein kleiner weißer, blitzblanker Raum, der immer sauber war, weil er zwei Mal die Woche geputzt wurde, garniert mit einem Klopapierdreieck. Und ich stellte mir vor, wie die erste Patientin am nächsten Morgen lächelte. Das Klopapierdreieck anlächelte. Es war ja nur für sie gemacht.

In der Wohnung unterm Dach dachte ich oft an das Haus am Ende der Straße. Umzuziehen – oder vielleicht (und auch ganz sicher) alles drum herum – hatte mir und meinen Geschwistern das Herz gebrochen. Das Herz meiner Mutter war schon vor Jahren gebrochen worden. Und das meiner Großeltern ließ nun auch nicht lange auf sich warten. Das Haus am Ende der Straße zu verlassen, hatte die Demenz meines Opas erheblich verstärkt. Besuchte man die Großeltern jetzt in einer Wohnung mit ebenerdigem Zugang, dann saß Opa in einem Sessel und sang serbische Lieder. „Das ist alles, woran er sich noch erinnert", sagte Oma und ihre Hand zuckte kurz, bevor sie die Teetasse mit dem viel zu süßen Schwarztee an ihre schmalen Lippen hob.

Johann P. Tammen

Der Krieg, ein verstaubter Dachstubenfund und die Wucht der
Alltagssorgen des Vaters, die dem Sohn nicht verborgen blieben…

I

Trödelnd, meist verspätet zur Mittagszeit nach Hause gekommen,
war zuerst, gleich nach der Aufforderung, die Hände zu waschen,
die Mahnung zu hören: „Nach dem Essen, noch vor den Schularbeiten, schnapp Dir den blanken Spaten, der hinten im Stall
im Kabuff abgestellt ist, und geh den Kartoffelacker umgraben.
Es wird Zeit, dass wir fertig werden, damit wir später eine gute
Ernte haben. Davon leben wir, damit werden wir gut durch den
Winter kommen. Also: Nicht murren. Erst die Arbeit, dann das
Vergnügen. Obwohl: Schularbeiten sind ja vermutlich auch kein
wirkliches Vergnügen, oder?" – Der Vater runzelte die Stirn, aber
um den Mund herum war auch ein leichtes Schmunzeln zu sehen.
Er selbst lebte es schließlich allen vor, zumindest stellte er sich
dieses Zeugnis aus: Ohne Fleiß kein Preis. Tagsüber, in seiner
Arbeit mit Sand und Zement, steinharten Klinkern und ätzendem
Kalk, buckelnd vor dem Polier, der das Sagen hatte, und später,
zuhause, wieder „aufm Bau", diesmal aber fürs Eigene, für das
erste kleine eigene Heim, die lange erträumte Familienoase, in
vertrauter Geborgenheit unter angenehmen, hilfsbereiten Nachbarn, in ruhiger, verlässlich umsorgter ländlicher Obhut.

Gerade erst, vor knapp zwei Jahren, aus dem Krieg heimgekehrt, nicht unversehrt, aber wenigstens aufrecht auf zwei Beinen, mit geradem Rücken, wie die Familie väterlicherseits gerne betonte, noch vor der Kapitulation, vor Kriegsende, entstand das Hochzeitsfoto, und der Älteste kam vorzeitig auf die Welt. Aber sobald der Vater sich anstrengte, zu verstehen, was hinter ihm lag, rumorten in seinem Kopf, hinter seiner hohen, faltigen Stirn, feurig schwirrende Granatsplitter, nicht operabel, hieß es aus berufenem Mund, und im Dorf, beim Preisskat unter Neidern und Ignoranten, wie der Vater selbst sie charakterisierte, erntete er dafür nicht selten noch Hohn und Spott, davon solle er mal nicht so viel Wind machen. Anderen sei doch viel übler mitgespielt worden, und jetzt sei er doch längst wieder „obenauf", stolzer Eigenheimbesitzer mit gut getarnter Schwarzschlachtung für einen gesicherten Wintervorrat, so wurde gefrotzelt, während er in Gedanken längst schon wieder über seinen Paukanstrengungen zur angestrebten Meisterprüfung grübelte, mit denen er sich sogar nächtens, in seinen in wüsten Träumen durchlebten Bewährungsnöten herumquälte. Was jedoch alle, die Mutter, der älteste Sohn, die Geschwister, enge, wohlgesonnene Verwandte, erst viel später mitbekamen. Er selbst bedeckte alles mit zumeist bekümmertem Schweigen: Wirklich froh und heiter, ohne die Last drückender Schulden, die man sich aufgeladen hatte, gänzlich sorgenfrei und im Glanz ersehnter, heilsamer Sonnenstrahlen erlebte man ihn nie.

II

Im Radio, im Großwetterbericht, war das Heraufziehen einer Kaltfront vorhergesagt. Zu dieser Jahreszeit nicht ungewöhnlich. Vor dem Taufbecken in der Dorfkirche lag Schnee auf den Fliesen. Zwischen den hohen Bäumen, die den Friedhof säumten, sah man kurvig ins Winterfell gezeichnete Schlittenspuren, die bis weit hinunter zum Hofgraben führten. Grölend und juchzend hatten sich hier die Dorfkinder im Wettstreit gemessen – und über ihnen prahlten die Wolken. Auf Erden war hier im Moment keine Not. Böses Wetter war vertraut. Sowieso alles Unverhoffte, Unvorhersehbare.

Man schaute gleich frühmorgens zum Fenster hinaus in die Weite der Marsch, zufrieden die grünen Matten streifend, und machte einen Plan. Darin sollte enthalten sein – aufgeführt mit Bedacht –, was einen guten Plan anerkanntermaßen ausmachte: Brauchbares gutes Werkzeug sollte zur Hand sein, ein stabiles Gerüst als Zugang zu den unzugänglicheren Bezirken schwerer, nicht selten gefahrvoller Arbeit, genaueste Kenntnis über die Sache, um die es da jeweils ging, wenn die Arbeit an ein gutes Ende gelangen sollte. Dem Vater war im Leben schon hinreichend viel Erfahrung zuteilgeworden, sodass er wohl wusste, woran er sich zu orientieren hatte, wollte er redlich etwas wirklich Sinnstiftendes erreichen.

Die Mutter galt als schutzwürdig, achtenswert, was aber Eifersüchteleien und Anfällen von übelster Lust zur Intrige in der

Familie des Vaters nicht unbedingt im Wege stand. Der Vater hingegen war unter dem Dach der Großeltern und in der weiteren Verwandtschaft eine glorios umnebelte Heldenfigur, nun, nach dem verlorenen Krieg, aber auch irgendwie ramponiert, angekratzt. Wie der es wohl schaffen wollte, für seine Zukunft und das Wohl der ihm Anvertrauten hinreichend verlässlich zu sorgen!? Düstere Wolken flohen am grämlich vertuschten Himmel vorüber – und das erstrebte Wohlsein war alltags ständig untergraben durch Hetze, Häme, Konkurrenzdruck und Aufstiegsängste, sonntags viel mehr noch durch die fäulnisschwere – grüblerisch verschlimmerte – Sorge ums Überleben.

III

Ein kleines Foto, auffindbar in einem der alten Alben, oben auf dem rumplig vollgestopften Dachboden deponiert, vom Vater eigenhändig angelegt und hier und da auch mit handschriftlichen Legenden versehen, die Auskunft gaben, wann und wo welche Szene aus dem Familienalltag festgehalten worden war, Geburtstagsfeiern, Nachbarschaftstreffen, der Vater am Bau auf dem Gerüst oder auf dem Schützenfest, mittendrin im Zug der heldischen Marschierer in ihren waldmeistergrünen Schützenuniformen, behangen mit Ordenspomp und Würdenträgerlametta und dem Gewehr am Mann, die Mutter auf dem Melkschemel unter Klara, der Milchkuh mit ausgeprägtem Freiheitsdrang, allzu oft musste sie vor dem Melken draußen auf der Wiese erst unter großen Mühen eingefangen werden, weil sie ausgebüxt war. – Da, im Holterdiepolter des Dachstubengerümpels, hatte einst auch das rare Hochzeitsfoto, aufgenommen im Winter 44, noch vor der Geburt des ältesten Sohnes, einen festen Platz unter dem schützenden Pergament des Familienalbums. Der Vater steht hier in der Draufsicht rechts neben der Braut, mit artig angewinkeltem Arm, die offene Hand unterm Koppelschloss, während die Mutter, die frohe Erwartung geschickt unter einem weißen Brautkleid mit kleiner Schleppe verbergend, mit ihrer linken Hand den Kavaliersarm des Vaters fasst, und mit dem rechten Arm eine Beuge bildet für den Brautstrauß, einer eher ärmlichen Pracht aus struppigen Herbstastern, geadelt von flaschengrünem Farn und grünbräunlichem Ziergras.

Beide Eltern schauen mit leicht getrübtem Blick in die Kamera, ernst, mit geschlossenen Mündern, eher von Sorgen als von unbändiger Freude gezeichnet, und von der Zukunft allenfalls ein vages Versprechen von Glück erhoffend. Hinterm Haus am Priel, in dem kleinen Nutzgarten mit mühsam beackerten Kleiböden welkt das Kartoffelkraut, die Ackerfurchen schimmern in der Dürre wie Betonrinnen: Der Vater tauscht beim reichen Bauern seine Arbeit gegen eine Fuhre Steckrüben, von denen man satt werden kann an fünf Tagen der Woche, er rackert sich ab Tag für Tag und blickt zum späten Feierabend daheim mit starrem, versunkenem Blick auf seinen Meisterbrief gleich neben der Stubentür im Hausflur, für den er sich viele Abende lang krumm geplagt hat, und der für ihn das Tor zur Selbständigkeit eröffnet hatte, nun gilt er endlich etwas, gewinnt in den Augen selbst derjenigen Menschen in seinem Umfeld, die ihn nicht selten abschätzig zu den Kriegskrüppeln gezählt haben, oder ihm sowieso – aus welchen Gründen auch immer – nichts Rechtes zugetraut haben. Nun durfte er sogar Lehrlinge ausbilden, Verträge eingehen, weil ihm dafür Vertrauen geschenkt wurde, aber die Wirklichkeit jener Jahre gleich nach dem Krieg im rückständigen ländlichen Raum und unter dem höchsten Risiko, von stärkeren – rücksichtslos den eigenen Vorteil nutzenden – Konkurrenten brutal an die Wand genagelt zu werden, sah anders aus.

Nicht zu vergessen die Säumigkeit der Kundschaft, wenn es um die Begleichung der Rechnung ging, der sprichwörtliche biblische Geiz der Großbauern, die immer nur jammerten, dass die jungen, zumeist himmelsstürmend selbstbewussten, aber oft doch noch recht unerfahrenen Bauunternehmer sie zu schröpfen versuchten, für oftmals schlechte Arbeit viel zu teuren Lohn verlangten. Ach ja, dem Vater griff da früh schon ein Übelstand nach dem anderen an die Kehle. Er gab auf, das heißt, er hatte gar keine andere Wahl: Das Geld reichte nicht für die notwendigen Investitionen, teure Gerüste mussten angeschafft werden, vielerlei Werkzeug, das den Preis wohl wert war, natürlich, aber woher nehmen, was man nicht hatte – und die Not macht einen ja bekanntlich nicht reicher. Der Vater wusste das, aber in seinem Kopf, durch den die Granatsplitter tobten, war nur noch ein großer Klumpen Angst zu verspüren, und aller Anfängermut, der ihn vor dieser Zeit des unabwendbaren Scheiterns beflügelt hatte, war verflogen, nur noch bekümmert saß er abends erschöpft, verzagt und zunehmend mürrisch, ja, zeitweilig auch herrisch gestikulierend, aggressiv und mit polternder Rede in seinem

Lieblingssessel, einem Erbstück vom Großvater, dem Eierhändler, der selten sprach, aber dem Vater tröstend und Zuversicht ausströmend die Hand auf die Schulter legte, so einen wohligen Wärmestoß übertragend, den der Vater mit leisem Grummeln quittierte.

IV

Der Sohn, der älteste von vier jüngeren Brüdern und einer Schwester, damals noch ein Kind, vielleicht fünf, sechs Jahre alt, noch nicht schulpflichtig, erinnerte sich später, wie er mit den nächstälteren, wenig später früh verstorbenen Brüdern, in der Werkstatt des Onkels, dem älteren Bruder des Vaters, einem angesehenen Sarg- und Möbeltischler, der auch als Zimmermann aushelfend tätig war, Verstecken spielte, und dabei verschmitzt kichernd den Deckel hob vom jüngst erst auf Vorrat gefertigten Sarg, deponiert in der hintersten dunklen Ecke der Werkstatt, in der man noch deutlich die Stimmen der Eltern und Verwandten in der Wohnstube nebenan vernahm, sich also rundum behütet und zum Glück auch völlig unbeobachtet fühlte.

Und hier nun, umweht von dem schönsten und inspirierendsten aller Gerüche, dem schmeichelnden Geruchsfetzenwirbel von Holz und Spänen, Harz und Beize, Leim und Lack, einer Wolke von Düften, die ein sanfter warmer Wind in den Bäumen von der See her bis weit ins Land getragen hatte, einer Geruchsexplosion, die der Sohn kannte, auch durch die Arbeit des Vaters, zuhause auf dem Bau, oben im Dachgebälk aus Sparren, Bohlenbrettern, Leisten und Latten. Hier auf dem Dachboden im alten Landarbeiterhaus am Sielort, das die Eltern 1958 günstig erworben hatten im Tausch gegen den Neubau, den sie aufgeben mussten nach der Pleite des Vaters, einer kleinen Kate mit angebautem Viehstall, die der Vater nun, Jahre hindurch, für die Familie renoviert und bis tief in die Abende hinein, nach Feierabend, hergerichtet hatte, war vom Vater für den nun längst erwachsenen Sohn das erste eigene Zimmer gebaut worden, eine heimelige Mansarde, nur zu erreichen über eine steile Leiter im Stallanbau hinter dem Klo, über morsche Deckenplanken – schwankende Dielen – hinweg, ohne Licht, aber mit frohem Herzen in einer bebenden Brust.

Der Vater – trefflich zertrampeltes Klischee – will, dass der Sohn ihm nachfolge, ja, besser noch, mindestens Architekt werden sollte. Oh himmelferne Illusion: Kein Versprechen, womit auch immer gestählt, aber hätte ihn, den Sohn, dazu verlocken können. – Vor seinem Bett unter der Schräge der Dachkammer, die dank der Hände Arbeit des treusorgenden Vaters wahr geworden war, stand ein wuchtiger, trübbraun lackierter Schreibtisch, den der Vater als Arbeitslohn für erpresste Schwarzarbeit vom Gerichtsvollzieher aus dem Nachbarort bekommen hatte, darauf gestapelt die ersten eigenen Bücher, die der Sohn vom knappen Lehrlingssalär abgespart hatte: Spät abends, im Bett, den Tag bedenkend, den er erlebt hatte als eine gefahrvolle Reise durch unwägbares Gelände, wenig verheißend für eine Zukunft, die er sich, wild träumend, völlig anders vorgestellt hatte, psalmodierte er immer wieder einen Auftaktsatz aus einem seiner Lieblingsbücher dieser Zeit vor sich hin, und ihm war zumute, als säße er mit weit aufgerissenen Augen seinem barfüßigen Helden, einem sorglos genialen Mississippiflößer, gegenüber, der erzählte: *Als ich aufwachte, wusste ich einen Augenblick lang nicht, wo ich war. Ich setzte mich auf ... und sah mich ängstlich um.*

Sasha Rau

Schmerzenbach

Ich muss noch korrigieren, sagte sie, legte sich in den Liegestuhl unter den Ahornbaum in den Halbschatten und schlief ein.

Schwerzenbach. Ein Dorf bei Zürich. Dort sind wir, ich mit meinen beiden Brüdern, mit Mutter und Vater nach meinem ersten Lebensjahr hingezogen. Weg aus dem südlichen Dorf bei Locarno, wo mein Zwillingsbruder und ich geboren wurden. Weg von der Palme vor dem Haus. Weg von den Oleanderblüten, dem Rosmarinbaum und den verfaulten Kakis.

Die Eltern mussten wegen der Arbeit die italienische Schweiz verlassen, denn Vater unterrichtete zwar Italienisch, aber als Fremdsprache. Darum bekam er in der deutschen Schweiz eher Arbeit.

Mutter war Französischlehrerin an der Kantonalen Maturitätsschule für Erwachsene. Ihre Schüler:innen hatten die Pubertät überstanden, waren alle über zwanzig, hatten einen Beruf und wollten ihr Abitur nachholen, um zu studieren. In dieser Erwachsenenschule roch es nach Laminat.

Die Schüler:innen hingen ihre Berufe an den Nagel, setzten sich auf die Schulbänke, um doch noch die Matura zu absolvieren und im Flur, der bei uns Gang hieß, hingen die Berufe nebeneinander wie Jacken und Rucksäcke in einer Grundschule.

Mutter war deutscher Herkunft, ist in Zürich geboren, weil Groß-vater sich während des Krieges in die Schweiz einbürgern ließ.

Mutter studierte Romanistik, nachdem sie von Großvater zunächst gezwungen worden war, eine Ausbildung zur Sekretä-rin zu machen.

Sie verbringt Wochen in einem blauen Büro. Tippt sich die Fin-ger wund. Nervöses *Daktylo-Stenografieren* ad libitum. Und diese langen Partituren hängen abends wie erschöpfte Zungen aus dem Fenster.

Schwerzenbach. *Schmerzenbach.*

Als wir ins Dorf bei Zürich zogen, arbeiteten beide Eltern. Die Vorhänge im Kinderzimmer tanzten bei halboffenem Fenster. Regula, die Nanny, faltete weiße Wäsche und legte sie auf den Schwanentisch. Es roch nach *traurig*.

Dann wurde Vater krank. Er litt an Sarkoidose, rauchte weiter. Asthma hatte er auch.

Sein Arzt hieß Doktor Fröhlich, wechselte täglich die Brille. Er konnte Vater nicht retten.

Bevor Vater im Krankenhaus im Koma verschwand und erstickte, lag er hinter der schalldichten Tür, zwischen Sauerstoffflasche und Zigaretten.

Dort hatte er keine Gelegenheit, mich zu lieben.

Ich war 18 Monate alt, als er starb. Ich habe keine Erinnerung an ihn.

Doch.

An seine Hände, seine Stimme, seinen Leder-Rauch-Geruch, seine ungesunde Höflichkeit, an seine Sprache, an seinen sehnigen Körper. Nachts kochte er, und er mochte guten Wein. Ich stell Vater jede Nacht auf einen Sockel, er ist kein Held, aber zeigt mir das gute Essen, wir reden über Sprachen, die so farbig in den Büchern liegen.

Ich habe mir eine zweite Kindheit erfunden.
Am Ende des Flurs war ich erwachsen.

Mutter ist jetzt alleinerziehend. Jeden Morgen lässt sie für uns tausend Drachen steigen. Voller Lebenslust und Tatendrang. Sie liebt ihren Beruf. Springt die Treppe hinunter. Hüpft freudig umher. Strahlt geduldig, gut und sanft. Gibt uns ein Urvertrauen. Wir dürfen in ihre Arme springen und sie fängt uns auf.

So war es nicht.
Mutter.
Einsamkeit.

Ich möchte ihre Bücher lesen und darin verschwinden.

Mutter geht vom Liegestuhl zur Bücherwand, von der Bücherwand zurück zum Liegestuhl zwischen der gemauerten Ablage und dem Tisch aus Granit unter der Pergola im südlichen Dorf. In *Schmerzenbach* unter dem Ahornbaum oder auf den künstlichen Nagelfluh-Platten, an denen wir als Kinder uns die Knie wund schlugen.

Schwerzenbach. *Schmerzenbach.*
Ich muss noch korrigieren.

Wie wäre es gewesen, wenn sie zu zweit weiter korrigiert hätten?
Mit dem roten Stift. Ich sehe ihre roten Stifte tanzen. Die Hände
der Eltern. Vielleicht hätten die roten Spuren ihres Korrigierens
sich umschlungen, verschlungen und aufgelöst und sie hätten
dann beide den Beruf gewechselt.
Der rote Stift ging über die Seiten hinaus und bildete eine Linie,
die mich von Mutter trennte. Er fraß sich in die Wände, in das
Spiegelbild von Mutter. Weiter korrigieren.

Nach dem Tod Vaters übernahm Mutter sein Pensum. In der
Schule und am Schreibtisch. Die beiden Schreibtische standen
sich gegenüber im Morgenlicht. Und die Berge, der schiefe Turm
und Paris verschwanden unter dem Teppich. All diese Orte, in
denen er studiert und versucht hatte, seinem Bergdorf zu entkommen.

Lernen müssen, nie genügen,
Spannteppich aus Kokoshaar.
Schwere Aschenbecher.
Dumpf sein.

Korrigieren, ich muss noch korrigieren.

Wenn ich nicht die Sonne bin, fehlt mir etwas.

Ich habe eine Schallplatten-Sprache erfunden, für die ungeöffneten Bücher in *Schmerzenbach*.

Vaters Lunge atmet noch immer hinter jeder schalldichten Tür.

In Mutters Zimmer standen zwei Schreibtische. Als wollte sie den meines Vaters behalten. Darauf Objekte, Brieföffner, ein Deutsch-Französisches Wörterbuch.

Im Halbschatten.

Nur Fakten und dann eine kleine Utopie.
Haptisch. Zentral, voll von Licht.
Für Mutter.
Ich wollte ihr eine kleine Utopie schenken.

Wir durften keine Fehler machen.
Und auch nicht schwitzen.
Bloß nicht.

Vater kam aus Splügen, einem kleinen Bergdorf in Graubünden. *Nicht weit von Italien,* wie er immer betonte. Hat Mutter gesagt. Die Verwandten verschwinden und ein kristallklarer, kleiner Bergbach fließt mineralisch über meine Hand.

Als Kind wünschte ich mir, dass hinter der schalldichten Tür ein Faun lebt, ein Waldgeist, der aus dem Greifensee kommt, oder aus dem Bergell, um unsere Familie zu beschützen und meine Innenwelt zu beruhigen.

Später erfuhr ich, dass vor uns ein Professor in diesem Haus wohnte, und dass er diese schalldichte Tür einbauen ließ, um seine Ruhe zu haben, weil er sich sonst nicht konzentrieren konnte.

Jedes Jahr studierte Mutter mit ihren „erwachsenen" Schüler:innen ein Theaterstück ein. Das war für uns alle das Schönste an ihrem Beruf, diese Theaterproben. Und die französischen Bücher, die teilweise noch ungeöffnet waren. Man musste erst die Seiten aufschneiden, um im Buch lesen zu können. Einige der Bücher von Mutter blieben ungelesen. Ich wollte sie aufschneiden und in ihnen wohnen.
Der Zwillingsbruder und ich waren begeistert, von den Kostümen, die zum Trocknen im Garten hingen.
Er starrt auf den bunten Wäschepilz, den man so schön drehen kann, und träumt von einer Wandertruppe, während ich auf meinen Faun warte.

Ich mochte die Stifte von Mutter. Ich mochte ihre Hand, die die Stifte hielt.
Caran d'Ache, in allen Farben. Ich mochte den roten Bücherkoffer, der immer mitmusste, wenn wir wieder ins Tessin zu der Palme, zu den Oleanderblüten, dem Rosmarinbaum und den verfaulten Kakis fuhren. Ein kleiner Koffer voller Bücher, der im Auto zwischen der Kühlbox und der Tasche mit den Gummistiefeln mit uns durch den Gotthardtunnel oder wahlweise durch das Hinterrheintal über den San Bernardino fuhr.

Mutter brauchte Ruhe. Wie dieser Professor, der diese *häss-lich-schöne* Tür einbauen ließ. Er soll angeblich sehr groß und schmal gewesen sein. Ich stell mir vor, wie er auf seinen elitären Stelzen gegen seine eigene Tür rauscht.

Mutter muss noch korrigieren und draußen singt eine Amsel. Und das Licht so unfassbar schön. Diese Sonne in unserem Garten und Mutter unter dem Ahornbaum im Halbschatten. Frühe Bettruhe. Echo der Zeit.

Das Buch, das sie lesen wollte, lag auf ihrem Gesicht. Ich schaute in die Wolken. Man lebt manchmal nur, um in den Himmel zu schauen.

Vater war bestimmt ein guter Lehrer, wie auch Großvater. Sie hatten auch denselben Vor- und Nachnamen. Wie ist es wohl, genauso zu heißen wie der Vater und denselben Beruf auszuüben? Das hätte ich Vater gerne gefragt.

Mutter musste weiter korrigieren, vorbei an seinem hellblauen Tod. Ich bin überzeugt, dass er am Ende seines Lebens einen hellblauen Schlafanzug getragen hat, passend zum vollen Aschenbecher, zur Sauerstoffflasche. Auch wenn die Erinnerung vielleicht noch heute im schalldichten Zwischenraum, bei der filzigen Türschwelle oder unter der künstlichen Nagelfluh-Platte liegt.

Der Lehrer:innenberuf löste in mir Wut aus. Weil er die Eltern unzufrieden und streng machte. Und sie in ihrer Angst, etwas falsch zu machen, verschwanden.

Ich hätte gerne einen Schlüssel um den Hals getragen, aber es kam anders, wir warteten im Lehrerzimmer der Erwachsenenschule auf Mutter. Einem Erwachsenenmuseum mit Kindern. Langes Warten mit Hausaufgaben. Ich habe mich jedes Mal über das Gesicht von Mutter gefreut.

Die schönste Arbeit des Vaters waren seine Tonbänder, die zu Schallplatten wurden. Aufnahmen für die Universität Zürich, Dialektforschungen. Interviews mit alten Menschen aus den Tälern der italienischen Schweiz. Von Tür zu Tür.
Ich mag diese Aufnahmen, weil ich darauf die Stimme von Vater hören kann.
Und bei *33 UPM* steigen die alten Menschen aus den Rillen empor. Lassen sich langsam durch die Täler drehen, als würden sie den kühlen Granit suchen.

Ozan Zakariya Keskinkılıç

Katzenzungen oder: Polymethylmethacrylat

Bevor Baba zur Nachtschicht fährt, lehnt er sich über meine Bett-
decke, er küsst mich auf die Stirn und flüstert, du brauchst keine
Angst haben, Gott ist groß und er ist da. Und die Scheinwerfer
vom Subaru leuchten durch die Gardinen, wenn er zur Arbeit
fährt, sie wandern über den Boden und die Wände sind wie Geister und ganz kurz berühren sie mein Gesicht und kitzeln, wie
wenn Pusteblumensamen in die Nasenlöcher steigen und man
niesen muss. Baba arbeitet viel, manchmal mittags und manchmal abends und manchmal sehe ich ihn nur am Wochenende.
Wenn er weg ist, soll ich lieb zu Anne sein und sie nicht ärgern,
weil sie so viel zu tun hat. Baba sagt, ich soll machen, was sie
sagen. Eltern dürfen mit ihren Kindern machen, was sie wollen.
Das ist so, wenn man das Kind von jemandem ist. Wenn ich groß
bin, dann müssen meine Kinder auch machen, was ich will, hat
Baba gesagt. Und weil ich noch keine Kinder habe, sage ich meinem Wellensittich, was er machen muss. Pamuk heißt er, weil
er so weich ist wie Watte und auch so weiß. Pamuk hat einfach
nicht gegessen. Ich habe gesagt, Pamuk, hadi Oğlum, iss! Aber
Pamuk hat nicht gegessen. Dann habe ich seinen Kopf gegrif-
fen, den Schnabel in die Wasserschüssel, in die Futterschüssel, in
die Wasserschüssel, in die Futterschüssel. Er hat sich nicht mehr
bewegt und ich habe geweint, weil ich ein schlechter Baba bin.
Baba sagt, ein Baba muss auf seine Kinder aufpassen. Er muss
streng sein und beschützen. Ein Baba ist ein Baba und kein bester
Freund.

Der Baba von Max ist sein bester Freund, hat Max gesagt. Der Baba von Max heißt Stefan. Max sagt Hey Stefan oder Halt's Maul Stefan. Aber Stefan ist das egal. Er sagt immer, ich bin beschäftigt. Er sitzt die ganze Zeit zu Hause am Tisch mit Zetteln und Ordnern. Mein Baba ist fast nie zu Hause am Tisch. Er arbeitet morgens, er arbeitet abends und wenn er nach Hause kommt, schläft er die ganze Zeit, weil er so müde ist. Irgendwann wacht er auf und isst leise Kuru Fasulye, sagt kein Wort und guckt ganz traurig. Ich will jeden Tag lachen, so lange ich kann. Wenn ich groß bin, werde ich nur traurig sein. Oder ich werde lieber kein Baba. Aber ich muss, weil Anne und Baba wollen Enkelkinder und sie dürfen mit ihren Enkelkindern machen, was sie wollen und ich darf dann mit meinen Enkelkindern auch machen, was ich will, dabei will ich eigentlich keine.

Wenn Baba von der Arbeit kommt, riecht er wie eine Maschine. Der Rauch aus der Fabrik klebt auf seiner Haut und manchmal versteckt sich etwas in seinen Haaren, Styropor oder gelber Montageschaum ist auf der Hose getrocknet. Ich habe Max gefragt, was in Stefans Haaren klebt, aber Stefan hat gar keine Haare auf dem Kopf. Ich habe gefragt, ob Montageschaum auf seiner Kleidung klebt. Was für Montageschaum, hat Max gefragt. Und was ist mit den Händen, sind sie weiß von den Rigipsplatten? Und wie riecht er, riecht er auch wie Polymethylmethacrylat? Max hat mit den Achseln gezuckt und ist weggegangen zu den anderen Kindern. Vielleicht sind Montageschaum, Rigips und Polymethylmethacrylat türkische Wörter, und deshalb weiß Max nicht, was er sagen soll. Ich muss Anne fragen, wie man das auf Deutsch sagt, damit er mich versteht.

Wenn Baba nicht in der Nacht, sondern am Tag in der Fabrik arbeitet, und Anne bei reichen Menschen putzen geht, bleibe ich bei Oma Maria. Sie ist eigentlich gar nicht meine richtige Oma, aber trotzdem sage ich Oma Maria und Anne und Baba sagen auch Oma Maria. Nur der Sohn von Oma Maria sagt nur Maria, er sagt nicht einmal Mutter oder Mutti oder Müttchen. Er sagt Hallo Maria und Tschüss Maria und ich denke, wenn Oma Maria eine Anne oder eine Nene wäre, dann würde er sich das nicht erlauben.

Bei Oma Maria liegen auf dem Tisch immer Katzenzungen. Das ist Schokolade und heißt nur so, weil es wie eine Katzenzunge aussieht. Ich habe Oma Maria gefragt, ob es auch Hundezungen aus Schokolade gibt, weil ich Hunde mehr mag als Katzen, aber sie hat nein gesagt und mir Eier aus Schokolade gegeben. Das ist wegen Jesus, Gottes Sohn, der hängt in Oma Marias Wohnung am Kreuz. Sie sagt, Jesus ist für unsere Sünden gestorben. Anne sagt, Jesus ist gar nicht gestorben und Gott hat keinen Sohn. Ich habe mich noch nicht getraut, Oma Maria davon zu erzählen, weil sie so glücklich ist, wenn Jesus am Kreuz hängt und wenn sie Ostereier versteckt und wir sie sammeln gehen, weil Jesus wieder geboren ist. Wer nicht gestorben ist, kann auch nicht wieder geboren werden und dann gibt es auch keine Eier an Ostern, deshalb halte ich den Mund. Jesus ist gestorben, und deshalb essen wir Schokolade, wenn Anne und Baba arbeiten. Oder Hühnchen. Oma Maria backt Hühnchen im Backofen und Bratkartoffeln mit Rosmarin. Wir essen im Wohnzimmer, zuhause darf ich das nie. Bei uns hängt aber auch kein Bild über dem Fernseher mit

Jesus, wie er mit anderen am Tisch sitzt. Beim Essen erzählt Oma Maria von früher. Sie kennt viele Geschichten aus Jerusalem, sie hat dort gearbeitet und Menschen aus der ganzen Welt gezeigt, wo Jesus gestorben ist und wo er geboren wurde in Bethlehem. Und weil sie so nett war, schicken sie ihr jedes Jahr Postkarten. Oma Maria sagt, ich brauche ein Hobby. Deshalb schenkt sie mir die Briefumschläge mit den Marken, damit ich sie sammeln kann. Ich habe Briefmarken aus Korea, Australien, Israel, Portugal, Ecuador, Thailand, Finnland, Griechenland, Südafrika, Sri Lanka, Österreich, Frankreich und Deutschland. Manche sind ganz alt, auf einem ist ein Kreuz drauf. Das ist aber kürzer als das Kreuz von Jesus und sieht aus wie eine Windmühle. Anne sagt, ich soll die Marken wegschmeißen. Das ist nicht gut für Ausländer, hat sie gesagt. Jetzt muss ich mir ein anderes Hobby suchen, am besten etwas das gut ist für Ausländer, damit Anne nicht schimpft und Oma Maria keinen Ärger bekommt.

Ich würde gerne andere Kinder fragen, deren Eltern von woanders kommen, was die so machen, wenn ihnen langweilig ist und die Eltern arbeiten gehen, aber im Dorf gibt es niemanden sonst. Außer unsere Nachbarn aus Russland. Max sagt, die zählen gar nicht, weil sie eigentlich Deutsche sind, die zurück in die Heimat gekommen sind. Dabei können die nicht einmal richtig Deutsch. Und wenn sie sprechen, hört man das mehr, als wenn ich spreche. Und trotzdem sind sie deutsch, und ich nicht, sagt Max, weil irgendein Opa oder Uropa oder Ururopa von denen früher mal hier gelebt hat. Vielleicht habe ich ja auch einen Ururururopa, der im Gasthaus Schnitzel gegessen hat, habe ich Max gesagt, woher willst du das wissen? Vielleicht arbeitet Baba deshalb am Wochenende im Gasthaus und bedient die Deutschen. Manchmal fahre ich mit dem Fahrrad hin, dann kriege ich Pommes mit Ketchup, aber eigentlich will ich gar nicht hin, weil es riecht da so komisch und die Männer sind oft gemein zu Baba und kommandieren ihn herum und gucken dabei so, als wären sie in Hundekacke getreten. Aber Baba muss dort arbeiten und Geld verdienen, und weil er noch mehr Geld verdienen muss, damit Nene und Dede, und Hala und Enişte und Teyze und Amca auch ein schönes Leben haben, geht er von einer Arbeit in die andere Arbeit, er mäht den Rasen von reichen Menschen, putzt ihren Swimmingpool oder fährt sie mit dem Taxi zum Flughafen. Und Anne sitzt irgendwo an der Kasse oder verpackt am Fließband Parfümflaschen in Kartons und putzt noch mehr bei noch reicheren Menschen, die Baba bestimmt auch zum Flughafen fährt, damit sie Urlaub machen können. Anne sagt, ich soll es besser haben und in der Türkei gibt es keine Zukunft. Sie sagt, dass sie nur wegen mir gekommen sind, dabei war ich noch nicht mal da. Wenn ich das höre, tut mein Rücken weh, und ich werde ganz müde und will schlafen, als hätte ich den ganzen Tag gearbeitet. Anne sagt, als Kind hatte sie keine Spielsachen aus dem Supermarkt. Sie hat mit Nägeln, mit Erde, mit Holzbrettern und Flaschendeckeln gespielt. Und die Kleider hat sie geteilt mit den anderen Geschwistern und die Toiletten waren Löcher im Boden und die Kakerlaken sind über die Fußzehen gekrabbelt. Baba sagt, früher saßen sie zu fünft oder zu acht um einen Teller mit Reis, mit Çorba, manchmal wenn Kurban Bayram war, auch mit Köfte und Kuşbaşı. Die großen Kinder haben Hände breit wie

Schaufeln und die kleinen Kinder haben Hände wie Teelöffel und auf einen Teelöffel passt nicht viel drauf und du gehst hungrig ins Bett. Anne und Baba haben mich gefragt, was willst du später machen, wenn du keine gute Arbeit hast und Geld brauchst für dich und deine Familie und ihr ein schönes Leben wollt. Nicht schlimm, habe ich gesagt, Gott ist doch groß und er ist da.

Hotel-Pension Hefter · Pfronten

Martina Hefter

Ins Hotelgewerbe irgendwie reingerutscht

Ich muss bei den Berufen meiner Großeltern anfangen, um etwas über die Berufe meiner Eltern zu sagen. Mein Großvater väterlicherseits arbeitete in den dreißiger Jahren des letzten Jahrhunderts als Trapezkünstler im Circus Krone, er war Fänger. Die Kniekehlen in der Trapezstange eingerastet, fing er die fliegenden Kolleginnen und Kollegen, packte sie an den Handgelenken und schleuderte sie wieder davon. Es gibt eigentlich keinen Grund, Zirkusse mit ihrem rassistischen und kolonialen Erbe besonders toll zu finden, auch heute noch werden Tiere dort unsachgemäß gehalten und behandelt. Aber manchmal finde ich es trotzdem cool, so einen abenteuerlichen Opa zu haben. Vor Ausbruch des Zweiten Weltkriegs pachtete mein Großvater einen Gasthof in den Alpen, wahrscheinlich weil er zu alt fürs Trapez geworden war. Bald aber wurde er als Soldat rekrutiert.

Meine Großmutter wuchs in Berlin auf und wollte eine Modeschule besuchen. Sie zeigte mir später immer mal ihre Zeichnungen, sie befanden sich in einer Mappe in einem Schrank in ihrem Wohnzimmer. Während des Zweiten Weltkriegs wurde sie von ihren Eltern in die Alpen geschickt, weil dort weniger Bomben fielen. In den Alpen lernte sie meinen Großvater kennen und führte mit ihm den Gasthof. Mein Großvater starb etwa fünf Jahre vor meiner Geburt. Schlaganfall mit 58, weil er nach dem Krieg zu rauchen begonnen hatte, 40 Zigaretten am Tag. Meine Großmutter führte den Gasthof allein weiter, zusammen mit ihrem Sohn – meinem Vater –, und ihrer Tochter, meiner Tante. Mein Vater sagte mir später oft, dass er gern studiert hätte, am liebsten Philosophie oder Geschichte. Nach der 9. Klasse besuchte er stattdessen eine Handelsschule und lernte, mit Bilanzen umzugehen, das war hoch angesehen im Ort und gut für den Gasthof. Mein Vater sagte mir später auch, dass ihm das mit den Bilanzen dennoch Spaß gemacht habe. Ich bin noch immer froh, dass er mir das gesagt hat. Dass er nicht ganz unglücklich war mit dem, was er machte.

Meine Mutter wuchs als eines von sieben Kindern auf einem Bauernhof in Ostbayern auf. Sie verließ die Schule mit 14 und begann, in einer Fabrik zu arbeiten, die Knöpfe herstellte. In den fünfziger Jahren des letzten Jahrhunderts war das der normale Bildungsweg für Mädchen in dieser ländlichen Gegend. Die meisten heirateten mit 16, bekamen Kinder und arbeiteten später entweder weiter in der Fabrik oder auf den Höfen ihrer Männer. Mit 18 war meine Mutter immer noch nicht verheiratet. Sie las eine Anzeige in der Lokalzeitung, ein Gasthof in den Alpen suchte eine Servererin.

Ich bin inzwischen auf der Welt. Meine Familie gibt den Gasthof auf und zieht in ein kleineres, neugebautes Hotel direkt an einem Wäldchen im selben Ort. Die Familie, das ist meine Großmutter, meine Urgroßmutter (die meiner Großmutter nach dem Tod meines Urgroßvaters aus Berlin gefolgt ist), meine Eltern, meine Tante, mein Onkel, meine Cousine und ich. Außerdem Lisa, die Bedienung, und Frau Schubert, die Zimmerfrau. Ich bin vier Jahre alt. Ich mag die neue Umgebung, die Bäume im Wäldchen, den gurgelnden Bach, der direkt neben dem Hotel fließt. Als wir ein bisschen älter sind, spielen meine Cousine und ich oft den ganzen Tag dort, wir kommen nur zum Essen heim. Im Winter ist der Bach voller Schnee, wir bauen Burgen und Höhlen, im Sommer klettern wir auf die Bäume oder wollen im Bach Forellen fangen (klappt nicht). Ich mag das Hotel, es kommt mir hell und riesig vor, obwohl es kleiner ist als der düstere Gasthof.

Unsere Eltern sind den ganzen Tag im und ums Hotel unterwegs, dauernd gibt's was zu tun. Mein Vater und mein Onkel sind Hausmeister, Kofferträger und Abholservice vom Bahnhof, sie machen auch das Büro (das Büro machen irgendwie alle). Meine Oma, eine ganz zarte Frau, ist die Köchin – sie hat das im Gasthof gelernt, do-it-yourself, sie wuchtet riesige silberne Töpfe über die Herde und tötet lebende Forellen und nimmt sie aus. Wenn ich meine Oma beschreiben soll, würde ich sagen: Ein Filmstar tötete Forellen. Sie feierte an den Abenden gern mit den Gästen im Lokal. Meine Mutter serviert das Essen und steht abends an der Theke und spült die Gläser, ich darf oft auf einem kleinen Stehhocker mithelfen und lange aufbleiben. Tagsüber macht sie mit meiner Tante und Frau Schubert die Zimmer und putzt die Flure. Niemand kontrolliert uns Kinder, aber es ist immer jemand da. Wenn wir in den Bach gefallen sind oder uns das Knie aufschlagen, gehen wir zu Lisa, der Bedienung, die uns Schokolade schenkt. Frau Schubert spielen wir öfter mal Streiche. Im Sommer wird die Hotelwäsche im hinteren Teil des Gartens an lange Leinen zum Trocknen gehängt. Einmal sage ich zu einem Jungen aus der Nachbarschaft, der zum Spielen rüberkommt, dass man sich mit den Händen an die Wäscheleine hängen und wie ein Laken im Wind baumeln kann. Er stellt sich auf einen Stuhl, springt hoch, fasst die Leine, knallt auf den Boden und reißt die Wäsche ins Gras. Wir rennen kichernd weg, Frau Schubert kommt mit rotem Gesicht herbeigelaufen, raunzt uns hinterher, aber am nächsten Tag ist alles vergessen und sie macht Scherze mit uns. Im November, wenn nur wenige Gäste im Hotel wohnen, dürfen meine Cousine und ich in den leeren Gästezimmern schlafen, das fühlt sich luxuriös an. Am vollsten ist das Hotel über Weihnachten und Silvester, wir leben in einem Wintersportort, die Leute kommen zum Skifahren und Eislaufen. Außerdem im Juni und Juli zum Wandern. Wir haben viele Stammgäste, auch Familien mit Kindern, die ich über die Jahre hinweg immer wieder sehe. Einige werden gute Freundinnen und Freunde, sie leben in Städten in Nordrhein-Westfalen, eine für mich exotische, rätselhaft-schöne Welt. Bei älteren Gästen klopfen wir gerne mal frühmorgens an die Zimmertüren und rennen weg. Im Fasching werfen wir Stinkbomben ins Treppenhaus.

Keiner aus meiner Familie hat einen richtigen Hotelberuf gelernt, außer meine Mutter ein bisschen, sie hat einen Servierkurs absolviert, gleich nachdem sie in den Alpen aus dem Zug stieg. Alle sind sie ins Hotelgewerbe irgendwie reingerutscht. Weil mein Großvater, der Zirkusartist, eben nicht mehr Zirkusartist sein konnte. Weil der Krieg kam. Weil mein Großvater zu viel rauchte und zu jung starb (mir ist natürlich bewusst, dass meine Familie, was den Krieg betrifft, auf der Täterseite stand, einfach weil sie Deutsche waren bzw. sind. Ich will sie keineswegs als Kriegsopfer romantisieren, aber ihre individuellen Schicksale prägten nun mal das Weitere).

Als sie das Hotel führten, waren meine Eltern noch jung, viel zu jung eigentlich. Sie konnten nie feiern gehen, wenn sie feierten, dann nur im Hotel. Als sie das Hotel wieder verkauften, waren sie so alt wie ich, als ich mein Studium am Deutschen Literaturinstitut Leipzig begann. Anfang dreißig, und schon ein Hotel verkauft. Der Klimawandel hatte im Gebirge längst begonnen. Die Winter wurden milder, der Schnee weniger, die Touristen blieben weg. Es war im Hotel am Ende immer stiller geworden. Meine Eltern hatten uns Kindern gesagt (ich hatte inzwischen eine Schwester bekommen), dass sie mehr für uns da sein, mehr Freizeit haben wollten. Einen geregelten beruflichen Alltag mit Wochenende, acht Stunden und Feierabend um 16 Uhr. Wir zogen aus dem Hotel in eine winzige Wohnung, meine Eltern, meine Schwester und ich. Ich fand es viel zu eng. Meine Oma und Uroma zogen in eine andere Wohnung, ich besuchte sie oft. Meine Cousine und ihre inzwischen geborenen Schwestern waren mit ihren Eltern schon vorher nach München gezogen. Neben dem Hoteljob hatte mein Onkel Elektrotechnik studiert und danach einen gut bezahlten Job bei Siemens angenommen.

Der Verkauf des Hotels hatte ein bisschen Geld gebracht, aber nicht wirklich viel. Wir bauten ein neues Haus für die ganze Familie, es waren zwei aneinander gebaute Wohnungen und vier kleine Ferienwohnungen, kein Vergleich zum Hotel. Jedes Wochenende kam meine Cousine mit ihren Eltern und Schwestern, dann war es ein bisschen wie früher, laut und turbulent. Mein Vater arbeitete inzwischen in der Controlling-Abteilung bei Fendt, einer Firma für Landmaschinen. Tag für Tag stieg er morgens um sieben in sein Auto und fuhr die 30 km Landstraße zur Firma. Abends um halb fünf rollte das Auto wieder in unsere Garage. Meine Mutter hielt es als Hausfrau nicht aus und begann, halbtags als Hauswirtschaftshilfe bei einer Arztfamilie zu arbeiten. Die Ferienwohnungen betreuten sie nebenbei. Die Gäste lebten ihr eigenes Leben, man sah sie kaum. Meine Oma wohnte nebenan, ich war viel bei ihr, sie trank ein bisschen zu viel und erzählte oft vom Gasthof und vom Hotel. In der kleinen Wohnung wusste sie nichts so richtig mit sich anzufangen, sie kümmerte sich um die Wäsche für die Ferienwohnungen. Abends saß sie oft lange an der Wäschemangel im Keller, sie sagte, das beruhige sie. Sie starb im Winter, bevor ich nach Leipzig zog. Die Ferienwohnungen waren da schon längst zu drei Mietwohnungen umgebaut. Inzwischen lebt meine Mutter in einer, die anderen gehören meinen jüngeren Cousinen.

Meine Kindheit im Hotel war frei und abenteuerlich. Alles fürs Schreiben habe ich im und ums Hotel herum gelernt: Wie Menschen so ticken. Wie sie sprechen. Wie ein Bach gurgelt und welche Tiere er beherbergt. Wie man auf Bäume klettert. Wie man ein Loch in der Rinde eines Baums mit einer Paste aus Bachschlamm und zerriebenen Blättern verschließt und den Baum heilt. Wie man sich Städte in Nordrhein-Westfalen vorstellen kann, ohne sie je gesehen zu haben. Wie man allein ist und trotzdem nicht allein.

Ich träume immer mal davon, selbst ein kleines Hotel aufzumachen.

Senthuran Varatharajah

Mein Vater kommt
aus einer Maschine
Appa
kommt aus der Hand

          neun uhr dreißig.
                sonntag als ihr
         den tag
         herannahen
         seht.

    ich schließe die tür.
    ich setze mich an den
         platz auf dem ich
              immer sitze
         erste reihe am gang

links
vor dem
pult links von dort
wo gottes name

              verkündet
            wird.

wir stehen auf. wir stehen auf und
mit falsch verzahnten fingern bete ich   keine
stunde

in der hand.
         jehova

         wir danken dir für die
         linien
auf der gekrümmten balle die
                    schwarz

                    und gerade sind.

ohne lineal zog sie mein vater

abends.

Eins.

Es ist Nacht und ich sehe die Lichter die wenigen Lichter auf
dem Berg gegenüber in den Häusern die ich nicht zählen kann
ich liege im Schlafzimmer hier im Bett meiner Eltern in dem sie
nicht liegen in dem ich sie noch nie liegen
gesehen habe ich liege hier rechts nachdem ich gelernt hatte dass
es einen Tag

gibt und eine Nacht nachdem ich gelernt hatte rechts
und links zu   unterscheiden ich
                        höre die Tür
                        die Schlüssel ich höre das Schloss ich
höre die
Schuhe die Appa immer an der gleichen Stelle auszieht morgens
nach der Nachtschicht mittags nach der Frühschicht nachts
                        nach der Spätschicht er hängt seine
Jacke auf
die
                        zu dünn ist es ist Winter. Ich höre es.

öffne deine hand.
ich öffne sie.
                        onru.
                        –
                        irantu.
ein bambusstock
fünfzig zentimeter
holz
        von   oben
                 nach
                 unten
        von   oben

                 nach
                 unten
                 munru.

appa,
nohuthu.
nohunum.

Zwei.

Ich höre es der Fernseher läuft ich kann ihn hören ich höre
Ammas Stimme ich sehe das wärmere Licht im Flur durch den
kleinen Spalt den Amma ließ ich höre

die Tür ich sehe Appas Umriss Appa ist ein Stein Appa ist ein
Berg Appas Schultern sind
ein Land das

fällt Appa
                    lebt
                              bis in alle Ewigkeit Appa ist

müde Appa setzt sich an den Rand des Bettes Appa singt. Ich
höre es.

von meinem vater lernte ich
wurzelziehen

brüche.

von meinem vater lernte ich

zählen.

nanku

aintu

aru

elu

während ich

aus dem

fenster

schaue vor dem er steht und die

lichter eines autos sehe das
neben den glascontainern an der biegung des asphalts
parkt

ettu.

Drei.

Appa singt immer dasselbe Lied in einer Sprache die ich noch
sprechen kann Appa spricht Appa kommt aus der Fabrik mein
Vater kommt aus der Maschine Appa kommt aus seiner rechten
Hand mit der er das Metall biegt als würde jedes
Feuer
ihm gehorchen er biegt es zu einem Stern zu
vier ineinander verschränkten Kreisen

Appa sagt

Audi

Appa   legt

        das runde Zeichen von BMW in

        meine linke

        Hand als wäre es nur

        eine Brosche für

                die es genug

Licht

gibt hier in ihrem Schlafzimmer in dem meine Eltern nicht schlafen

Appa küsst

mich auf meine Stirn er streicht mir über die Haare die weiß

     sein werden wie seine und die ich ihm herausziehen darf

während

meine beiden Geschwister auf seinem Rücken liegen als wäre er

eine Insel Appa

ist ein Schiff Appa ist ein Kontinent allein

                 in seinem Meer Appa

            lag

gestern hier im letzten Asylbewerberheim auf dem Sofa und

atmet. Ich höre es.

ich stehe vor ihm.

    jehova

    wir danken dir für die

    genauigkeit der

zahlen.

für die linien die
in allen punkten den gleichen abstand zu
einander besitzen. parallelen berühren sich

in der unendlich   *onpatu.*

ich wusste es.

Vier.

Es ist Nacht und ich sehe die Lichter die wenigen Lichter auf
dem Berg gegenüber in den Häusern nicht mehr aber Appa sitzt
hier
neben mir auf dem Bett das er im Sperrmüll im
Regen
                              in einem November gefunden
hatte mein
Vater sitzt hier
nachdem ich neun Stunden auf dich gewartet habe bis du nicht
                    aufhörst
zu singen von allem was
du gesehen hast von allem was
          in dir wohnt in jedem Winkel unter deiner schwachen
Haut erzähle mir
vom Krieg und den
Bildern denen
                    du gefolgt bist

damit du aus der Maschine kommen kannst aus
der Fabrik aus dem Metall und
deiner rechten
Hand. Ich höre zu.

ich kenne
die zahlen und den
zahlenraum bis
hundert.

hier   in diesem haus
wird gottes name
mit holz
verkündet.

aus der küche: bakthi padalgal. der geruch von
basmati-reis.
das geräusch zerspringender gläser
höre ich

nicht.
pattu.

vilankutha?
vilankuthu, appa.

schließ deine hand.
ich schließe sie.

Tijan Sila

Supercomputer

Vor dem Krieg hatte mein Vater eine Dozentur an der Philo-
sophischen Fakultät der Universität Sarajevo. Er unterrichtete
Bibliotheks- und Theaterwissenschaft. In Deutschland, nach
unserer Flucht, arbeitete er zunächst schwarz in einer kleinen
Druckerei, die sich in einem der Orte zwischen Mannheim und
Heidelberg befand: Schriesheim, Dossenheim, Heddesheim,
Viernheim, Straßenheim, Weinheim – eins dieser Käffer, ich
erinnere mich nicht mehr. Mein Vater verbrachte nur ein halbes
Jahr dort, da ihm das Heben und Schleppen der Druckformen
schwerfiel. Der Krieg steckte ihm noch in den Knochen, wie uns
allen. Als wir nach Deutschland gekommen waren, wog er bei
einer Körpergröße von 175 Zentimetern nur 49 Kilogramm – zu
wenig, um zu heben und zu schleppen. Sein Gewicht kann ich
so genau benennen, da wir uns als Kriegsflüchtlinge unmittelbar
nach der Ankunft im Mannheimer Gesundheitsamt untersuchen
lassen mussten, und ich besitze noch die Erfassungsformulare.
Kein Fuchsbandwurm, kein Typhus, keine Cholera, keine Diph-
terie, keine Tollwut (jedenfalls nicht *nachweislich*), aber auf
meinem Blatt steht immerhin: „Geschwüre auf Beinbizeps, glut.
m. links, LWS". „Glut. m." steht für „gluteus maximus", denn
das schmerzhafteste Geschwür pochte und eiterte mitten auf meiner linken Arschbacke.
Mein Vater hatte aus dem Krieg keine Geschwüre mitgebracht,
dafür jedoch Zahnwurzelentzündungen und einen Bandscheiben-

vorfall, den er sich beim Ausheben von Graben und Gräbern an der „ersten Linie", der unmittelbaren Verteidigungsfront unserer Stadt, zugezogen hatte. Seine Hoffnung, als er in der Druckerei zu arbeiten angefangen hatte, war, Schriftsetzer werden zu können, da er vor seinem Studium eine Schriftsetzer-Ausbildung abgeschlossen hatte – mit Bestnoten, wie er gerne betonte. Mein Vater hatte immer Bestnoten bekommen. Und was hat es ihm gebracht? Nichts. Das Schicksal demütigte ihn, wo es irgendwie nur ging, und dazu gehörte es auch, dass er, der klug, sanft und fleißig war, in Deutschland nie eine Chance bekommen sollte, aufzublühen, sich der Welt *tatsächlich* zu zeigen. Dazu hätte er nämlich Arbeit gebraucht. Mein Vater fühlte sich ohne die Anerkennung, die mit einem *richtigen* Beruf einhergeht, wie ein Schiffbrüchiger auf offener See. Ich selbst bin da anders. Ich bin hochmütig und unbescheiden. Mir reicht es, eine richtig gute Jeansjacke anzuziehen, und schon schaue ich auf andere herab.

Jedenfalls brauchten sie in der Druckerei keinen Schriftsetzer, erst recht keinen, der mit Bleilettern gelernt hatte und nichts vom Fotosatz mit *Linotronic*-Geräten wusste.

„Ich würde es aber gerne lernen!", klagte mein Vater. „Wenn sie mir nur die Chance gäben", sang er die Coda seiner Lebenshymne.

Eine Chance ergab sich woanders: Über Umwege, dank hilfsbereiter Bekanntschaften, bekam mein Vater eine Teilzeitanstellung im Rechenzentrum der Universität Mannheim. Vor dem Kriegsausbruch war er ein Computer-Enthusiast gewesen, der sich mit Freunden traf, um an Rechnerplatinen herumzulöten. Er war stolz darauf, dass meine Mutter ihre Doktorarbeit zwar auf einer *Olivetti*-Schreibmaschine begonnen, jedoch auf einem PC fertiggestellt hatte, und zwar mit dem ruhmreichen *WordPerfect 5.1*, der Textverarbeitungssoftware der DOS-Jahre schlechthin. Mein Vater hielt *WordPerfect* die Treue, als sei das Programm ein Fußballverein. Er erzählte gerne, meistens mir, manchmal auch meiner besten Freundin Sabine, wenn sie während ihres Studiums zu Besuch kam, *WordPerfect* sei in jeder Hinsicht besser geeignet, um Hausarbeiten zu schreiben, als *Microsoft Word*. Das Dokument, das man auf dem Bildschirm sehe, werde *nie* von dem gedruckten Dokument abweichen, bei *Word* aber oft, und die Steuerzeichenübersicht eines Dokuments ermögliche bei *WordPerfect* eine viel umfassendere, intuitivere Bearbeitung des Textkörpers und und und.

So predigte mein Vater, so war er. Er liebte Technologie, er glaubte an den Fortschritt, und dieser Optimismus spendete ihm immer mal wieder Trost – also freute ich mich, als er die Stelle im Rechenzentrum bekam. Ich fand, dass sie zu ihm passte. Für eine Weile schien es, als würden wir in Deutschland Fuß fassen. Wir zogen aus Mannheim weg, wo wir als Flüchtlinge stets in Notunterkünften gelebt hatten. Wir zogen nach Landau, wo meine Mutter nach langer Arbeitslosigkeit endlich eine Arbeit gefunden hatte – zwar ebenfalls in Teilzeit, aber trotzdem. Mein Vater pendelte täglich zwei Stunden mit dem Zug (wobei er auf der Rückfahrt oft einschlief und statt in Neustadt umzusteigen in Kaiserslautern erwachte); er erzählte lustige Geschichten über die Menschen, die er im Waggon getroffen hatte: die Fabrikarbeiter der *BASF*, die Polizistin aus Edenkoben, der Tierarzt aus der Heidelberger Notklinik. Hatten wir denn keinen Grund zu hoffen?

Leider hielt das Glück nicht lange. Zuerst verlor meine Mutter ihre Stelle und erkrankte schwer. Das war in 2006, und nur ein Jahr später wurde auch mein Vater arbeitslos. Die Krebsdiagnose folgte 2008.

Mein Vater versuchte, sich zwischen Chemos selbstständig zu machen. Erst heute, da ich seinen Lebenslauf für diesen Essay erfasse, wird mir klar, was für ein verlorenes Unterfangen das war. Aber im Dickicht des Alltags hat man keine Übersicht – man denkt sogar, dass es gut sei, wenn der Kranke sich irgendwie beschäftige. Dabei hätte er sich ausruhen sollen.

Was wollte mein Vater als Selbstständiger tun? Er bot städtischen Archiven an, alte Dokumente zu digitalisieren. Dies entsprach seiner Liebe für Technologie und altes Papier und seiner diskreten, zarten Natur: Er rührte die Urkunden nur mit weißen Baumwollhandschuhe an, die Bücherseiten blätterte er mit der Pinzette um – eine Weile lief es gar nicht schlecht. Der Krebs verschwand. Große Stadt- und Landesarchive ließen ihre Sachen von Dienstleistern in China und Indien digitalisieren, doch Dörfer und ländliche Gemeinden vertrauten lieber Leuten, die sie kannten – Leuten aus der Gegend. Und meinen Vater kannte inzwischen die halbe Südpfalz. Er war einer dieser Menschen, die sich trotz ihrer Schüchternheit in Herzen schleichen. Nun ist die Südpfalz leider nicht besonders groß, sodass die Aufträge nach etwa fünf Jahren versiegten. Der Krebs kehrte zurück und streute. Mein Vater trug bald einen Stomabeutel, er hatte nicht mehr die Kraft, lange zu stehen oder zu sitzen, und eigentlich war es offensichtlich, dass er nicht mehr arbeiten *konnte*. Doch er war nicht bereit, es anzuerkennen – obwohl er sich von Chemo zu Chemo, von Blutprobe zu Blutprobe, von MRT zu MRT über dem Abgrund entlanghangelte, wollte er, *musste* er arbeiten. Der letzte Versuch, diesem Drang nachzugehen, bestand darin, Ebay-Händler zu werden. Mein Vater begann, alle Flohmärkte der Region nach alten Schallplattenspielern und Stereoanlagen abzusuchen. Meistens begleitete ich ihn dabei, da jemand seine Einkäufe die Treppe hochtragen musste. Außerdem machte ich mir Sorgen, er könnte zusammenbrechen – doch wie ich bereits sagte: Die Leute kannten ihn, alle Trödelhändler wussten, dass er krank war, und boten ihm an, bei ihnen zu verweilen, wenn er erschöpft war – Kaffee konnte er nicht mehr trinken, da der dafür sorgte, dass sich der Stomabeutel zu schnell mit Fäkalien füllte, Tee aber ging noch.

Auch machte mir die Geschwindigkeit Sorgen, mit der mein Vater alten Kram kaufte. Er benutzte das Zimmer, das mein Bruder und ich uns mal geteilt hatten, als Lagerraum und war unempfänglich für unsere Beschwerden: Schließlich war er dabei, den Mittelpunkt unserer Jugend unter Bergen von Elektroschrott zu begraben. Seine Krankheit und sein Unglück hatten dafür gesorgt, dass er in vielerlei Hinsicht verhärtete, egoistisch wurde. Bald konnte man sich in unserem alten Zimmer überhaupt nicht mehr bewegen, da sich überall alte *Kenwood*-Verstärker, *JVC*-Ghetto-blaster, Schallplattenspieler von *Pioneer* und *BOSE*-Lautsprecher bis zur Decke stapelten. Mein Vater hatte geplant, Kaputtes billig zu kaufen, es zu reparieren und gewinnbringend zu verkaufen, folglich funktionierten all diese Geräte nicht – und mein Vater landete im Rollstuhl und Pflegebett, bevor er auch nur einen Bruchteil seines Vorhabens umsetzen konnte.

Er starb mitten in der Pandemie und hinterließ meinem Bruder und mir neben dem Üblichen, neben der Trauer, der Reue und dem Groll, auch eine Wohnung, deren Ausräumung ein Kraftakt war.

In den 15 Jahren, die mein Vater mit Krebs gelebt hatte, war die Wohnung derart heruntergekommen und zugemüllt worden, dass wir uns an die Mannheimer Flüchtlingsunterkünfte erinnert fühlten. Mehrfach stürzten die Berge von Lautsprechern und Röhrenradios um und wir mussten davonspringen, um nicht von der Lawine aus Plastik und Halbleitern erfasst zu werden. Es waren Lawinen des Wertlosen. Mein Vater hatte auf jeden seiner Käufe einen Zettel geklebt, dem man den Defekt entnehmen konnte: *Riemen kaputt, Bandkopf fehlt, Netzteil durch*. Es waren Berge von Müll, die Verzweiflung eines Sterbenden.

Doch als wir unser Kinderzimmer fast zu Ende ausgeräumt hatten, fanden wir unter meinem Bett etwas Außergewöhnliches: Eine in Plexiglas eingefasste, etwa einen Meter lange Platine voller bronzefarbener *Motorola*-Chips und *Weitek*-Prozessoren.

„Was *ist* das?", fragte ich meinen Bruder.

„Lass mal auf Reddit fragen."

Fünf Minuten später wussten wir, dass es sich um das Motherboard eines seltenen deutschen Supercomputers aus den frühen Neunzigerjahren handelte – jemand hatte es in Plexiglas gerahmt, als sollte er ausgestellt werden, und dann das Interesse daran verloren, sodass es über die Umwege südpfälzischer Flohmärkte im Besitz meines Vaters landete.

Ich habe keine Ahnung, was ich damit soll. Ich blicke den Supercomputer gerade an, er lehnt an meinem Bücherregal – die

Zukunft von gestern, das perfekte Vermächtnis meines Vaters. Ich kann gar nicht beschreiben, wie sehr mir das alles leidtut.

Henning Ahrens

Mittenmang

Hin und wieder wurde Alarm gegeben, stets zu später Stunde. Josef Bettels, von meinem Urgroßvater als Knecht auf unseren Hof geholt, verließ sein Dachbodenzimmer, humpelte die Treppen hinunter und hämmerte gegen die Schlafzimmertür meiner Eltern.

„Heinrich", rief er, „ein Bulle ist los."

Mein Vater kam aus dem Bett und pochte an meine Tür. „Henning", rief er, „ein Bulle ist los."

Daraufhin musste ich im Keller Arbeitsklamotten und Gummistiefel anziehen und (mürrisch) über den dunklen Hof zum Stall trotten. Dort herrschte Aufruhr, Josef hatte ihn gehört: Vierundzwanzig ausgewachsene Mastbullen und ein Dutzend jüngerer Tiere im Laufstall nebenan brüllten, was die Lungen hergaben. Der Bulle, dem es gelungen war, die Kette abzuschütteln, stand im Futtergang und schlug sich in aller Ruhe den Wanst mit Heu und Sauerblatt voll. Er musste an seinen Platz zurückgebracht und angekettet werden.

Zu diesem Zweck wurden Strick, Grepe und Knüppel aus der Milchkammer geholt. Wenn ich in der Pflicht war, nahm ich den Strick, näherte mich dem Ausreißer und versuchte, ihm die Schlinge über die Hörner zu werfen. (Die zentnerschweren Tiere waren mir damals so vertraut, dass ich relativ furchtlos war.) Das gelang nie auf Anhieb; der Strick fiel in Sauerblattsud, er fiel in Schiete, egal, ich musste ihn aufheben, um es erneut zu versuchen. War diese Cowboy-Aktion endlich gelungen, eilten Josef und mein Vater herbei und legten dem Bullen eine Ledermaske an, weil er geblendet fügsamer war; ich zerrte vorne, und wenn er sich sträubte, kamen hinten rabiate Methoden zur Anwendung. Stand er schließlich an seinem Platz, hielt ich ihn am Strick fest, bis die Kette wieder um seinen Hals lag, und das war's. Ich gab dem Rindvieh, das mich arglos anglotzte, zum Abschied einen Klaps auf den Kopf, das Licht wurde gelöscht, und wir verließen den Stall, in dem Ruhe einkehrte. Wenn ich danach im Bett lag, rochen meine Hände trotz Waschpaste nach Schiete, meine Haare nach Sauerblatt, und ich tröstete mich mit dem Gedanken, all das sei gut fürs Immunsystem.

Inzwischen empfinde ich es als Privileg, einen Landwirt als Vater gehabt zu haben, und bedaure, dass meine zwei Söhne nicht auf einem Hof aufgewachsen sind. Ein Idyll war es sicher nicht, aber die Schattenseiten, die familiären Turbulenzen, sind hier kein Thema, ich klammere sie also aus.

Die Arbeit meiner Eltern – klassische Rollenteilung: meine Mutter war als Hausfrau für Kinder, Haus und Gärten zuständig – blieb stets präsent, schlicht deshalb, weil der Hof, auf dem mein Bruder und ich aufwuchsen, auch Arbeitsplatz war. Unser Betrieb, nach den Maßstäben der 1980er Jahre durchschnittlich groß, kam uns riesig vor, das elftausend Quadratmeter umfassende Hofgrundstück mit Wirtschaftsgebäuden und Gärten war ein gigantischer Abenteuerspielplatz, den wir bis in die letzten Winkel erkundeten und nutzten, ebenso die angrenzenden Wiesen.

Sollten wir „Türschwellenkinder" gewesen sein, dann solche, die die Schwelle permanent in beide Richtungen überschritten – vom privaten in den beruflichen Bereich und umgekehrt. Räume, die der Arbeit dienten, waren Spielplätze, Maschinen Klettergerüste, etwa der Höhenförderer, den wir zweckentfremdeten, um auf den Heuboden zu gelangen. Wenn wir uns auf dem Strohboden verschanzten und die anstürmenden Gegner mit Ballen bewarfen, sah es zum Verdruss meines peniblen Vaters anschließend aus wie auf einem Schlachtfeld (was es ja auch war). Während er auf dem Hof arbeitete, erfreuten wir uns des Lebens und tobten nach Herzenslust. Ich profitiere bis heute in mehrfacher Hinsicht von dem reichen Fundus an Sinneseindrücken, den ich damals anhäufte, und von den motorischen Fähigkeiten, die ich durch Klettern, Balancieren, Schwingen, Springen, Rennen und Auf-die-Schnauze-fallen erwarb.

Als die Kindheit endete und die Jugend begann, musste ich mit anpacken, lernte also diverse Facetten der Arbeit meines Vaters kennen. Natürlich hätte ich lieber gelesen, gezeichnet oder geschrieben und Musik gelauscht, aber auf dem Hof gehörte das Helfen dazu, ich kam nicht darum herum. Im Laufe der Jahre – bis zum Tod meines Vaters half ich in den Sommersemesterferien bei der Ernte, fuhr Gerste und Weizen zum Getreidehändler – erledigte ich diverse Arbeiten. Anfangs eher Handlangerdienste wie das Setzen von Weidepfählen oder das Füttern der Bullen, aber mit zunehmender Erfahrung durfte ich selbständiger arbeiten, fuhr schließlich auch die Trecker (Fendt und Harvester International). An den Mähdrescher ließ mein Vater mich nicht heran; das Zurücksetzen mit zwei Anhängern, das er im Schlaf beherrschte, gelang mir nie; und er pflügte lieber selbst, weil er meine Furchen für zu krumm befand. Trotzdem gab es genug zu tun: Ich riss mit dem Tiefengrubber die Stoppelfelder auf, half beim Einfahren von Stroh und Heu, Wenden und Schwaden inklusive, hackte Rüben, legte die Rohr-Schlauch-Beregnung aus, war im Frühjahr bei den Waldarbeiten dabei und so weiter. Manche Arbeiten erledigte ich allein, andere mit meinem Vater. Ich hatte ein unproblematisches, wenn auch kein enges oder gar inniges Verhältnis zu ihm. Geboren 1931, gehörte er einer Generation von Erwachsenen an, die sich eher als Autoritäten verstanden; das heutige Ich-bin-der-beste-Kumpel-meiner-Kinder-Getue mancher Eltern hätte ihn als konservativen Menschen gewiss befremdet. Unsere Gesprächsthemen waren beschränkt, mir gegenüber hätte er nie Privates preisgegeben oder sein Herz ausgeschüttet, und auch ich kam nie auf die Idee, ihm (oder meiner Mutter) zu beichten, dass ich unsterblich, aber leider vergeblich in Ellen oder Birgit verliebt war. Dergleichen machte man mit sich selbst aus. Ob das sinnvoll ist, sei dahingestellt; in mancher Hinsicht habe ich meinen Vater nie richtig kennengelernt.

Ich nahm also an seiner Arbeit teil (und Anteil), aber in anderer Hinsicht folgte ich seinem Beispiel nicht, und ich vermute, dass ihn das wurmte. Das dörfliche Vereinsleben, inklusive Junggesellschaft, für ihn sehr wichtig und mit schönen Erinnerungen verbunden, reizte mich nie, ich hatte andere Interessen, war introvertiert, tendenziell ein Einzelgänger und obendrein schüchtern. Immerhin: Die Arbeit verband uns auf eine pragmatische Art, und ich sehe noch vor mir, wie er, der täglich zwei Schachteln Lord Extra rauchte, sich vor der Abfahrt reckte, die Windschutzscheibe des Treckers zuzog und wieder auf den Sitz sank, um sich eine anzuzünden, habe noch den Tabakmuff seines Taschentuchs in der Nase, das ich mir gelegentlich auslieh. In solchen Augenblicken war die Nähe zwischen uns, Vater und Sohn, vermutlich am größten.

Er erwartete nicht, dass ich den Hof übernahm, und ich erwog nie ernsthaft, Landwirt zu werden, aber: Die Selbständigkeit, die er genoss, die Tatsache, dass er im Gegensatz zu den Vätern meiner Freunde nicht in ein Büro tapern musste, keine Vorgesetzten hatte, die ihn zusammenstauchen konnten, die Tatsache, dass er sein eigener Herr war – das gefiel und imponierte mir, das fand ich erstrebenswert, und ich habe ihm darin nachgeeifert, wenn auch in einem Berufsfeld, das mit der Landwirtschaft nichts zu tun hat. Andererseits bestelle ich als Autor ja auch meine Felder und fahre am Ende die Ernte ein. Um diese Ecke gedacht, gibt es also Parallelen.

Eines Morgens, ich erledigte vor der Schule die Katzenwäsche, sah ich meinen Vater durchs Badezimmerfenster. Er stützte sich neben dem großen Walnussbaum auf einen Spaten und rauchte, der Qualm seiner Zigarette verschmolz mit dem Dunst, der im Garten hing. Er stand reglos da. Bis ein Maulwurf begann, Erde aus seinem Haufen zu werfen. Zwei, drei lange Schritt, dann war mein Vater dort, stieß den Spaten in den Boden und schleuderte das Tier samt Erdklumpen und Grashalmen auf den Rasen. Wieder zwei, drei lange Schritte, dann erschlug er den Maulwurf und schob ihn mit einem Gummistiefel auf das Spatenblatt. Ich beobachtete vom Bad aus, wie er zur Futterkammer ging, um den Kadaver auf den Misthaufen zu werfen, der sich auf der anderen Seite des Stalls befand.

Die Tür der Futterkammer fiel hinter ihm zu, und ich schwang mich aufs Fahrrad und fuhr zur Schule, tat weitere Schritte in Richtung meiner eigenen Welt.

Bettina Fischer

„Mach dir keine Gedanken"

Heute habe ich mich mit meiner zwölfjährigen Tochter über die
Berufstätigkeit ihrer Eltern, also von meinem Mann und mir,
unterhalten. „Ist das eigentlich doof, dass wir so viel abwesend
sind?" „Ach was", sagt sie: „Ist doch ganz cool, dass ihr nicht
da seid – da habe ich meine Ruhe." Ich insistiere. „Ja, aber ich
bin doch abends viel weg." „Papa ist doch da und wenn du nicht
jeden Abend weg bist, ist's ok. Mach dir keine Gedanken. Wir
telefonieren doch auch viel." Ach so. Ja, das mit dem Telefonieren stimmt. Ich rufe sie immer an: „Wie war's in der Schule?"
„Ja, gut." Aha. „War was Besonderes? Hast du Hausaufgaben?
Was machst du dir zu essen? Du hast schon gegessen, das ist
gut ..." „Ja, alles gut." Sie weiß, dass ich diese Art verkürzter
Kommunikation nicht mag. Aber Hauptsache natürlich, es ist
alles gut.
Als ich klein war, im Zuhause meiner Kindheit, war es anders.
Da war es üblich, dass der Vater arbeiten ging, die Mutter nicht.
Meine Eltern wollten und konnten sich das leisten. Es gehörte
zu ihrem Weltbild. Wahrscheinlich eher zum Weltbild meines
Vaters, aus dem meine Mutter noch herausfinden musste. Sie war
erst 21, als die beiden heirateten. Später sagte mir meine Mutter,
dass sie sich das eigentlich alles einmal anders vorgestellt hatte.
Meine Mutter war in der Regel zuhause, wenn ich mittags von
der Schule kam. Sie hatte gekocht. Jeden Mittag gab es frisch
zubereitetes Essen. Es schmeckte sehr gut. Meist waren auch

meine Brüder und mein Vater beim Mittagessen dabei. Mein Vater, hieß es immer, arbeite viel. In meiner Erinnerung steht das Bild gemeinsamer Mittagessen, wenn er von „der Firma" nach Hause kam. Ich esse heute ein Käsebrot vorm Computer. Meine Tochter macht sich Tortellini warm.

Mein Vater arbeitete tatsächlich viel. Er war häufiger abwesend als die Eltern meiner Schulfreundinnen und -freunde, er war auf Reisen. Er war abends nicht immer zuhause. Wenn er da war, brachte er mich manchmal ins Bett – beim Vorlesen schlief er meistens ein und schnarchte so laut, dass ich nicht in den Schlaf fand. Ich mochte es trotzdem. Wenn er samstagnachmittags die „Sportschau" guckte, rollte ich mich auf seinem Schoß zusammen. Sport hat mich nie interessiert, aber in den siebziger Jahren kannte ich viele Fußballernamen. Mein Vater ging mit mir auch auf die Kirmes. Mein Vater warf mich in die Luft und fing mich auf. Aber hatte ich eine Vorstellung von seiner Arbeit? Hat er mich jemals gefragt, wie ich es fand, dass er so viel abwesend war? Ich fand das normal. Alles gut, sozusagen.

Meine Mutter hat viel gelesen. Bei ihrer Beerdigung vor wenigen Jahren erzählte einer meiner Brüder, wie es war, wenn man sie aus dem kindlichen Spiel heraus anrief. Meist war sie so in ihre Lektüre vertieft, dass sie einen gar nicht hörte. Oder sie sagte: „Schatz, ich les noch die Seite zu Ende." Wir sahen sie sitzen und lesen. Sie war lediglich wenige Jahre zur Schule gegangen. Lesend hat sie sich eine große Welt erschlossen. Meine Mutter konnte Geschichten erzählen und wunderbar anwesend sein, aber eben auch sehr abwesend. Wenn ich meine Tochter heute rufe, damit sie den Tisch deckt, dann sagt sie: „Ich les noch die Seite zu Ende" und taucht eine ganze Weile nicht auf.

Meine Mutter hat, wie es hieß, „den ganzen Haushalt geschmissen". Das war damals nichts, wofür es viel Anerkennung gab. Eine unsichtbare Tätigkeit, die das Wohlbefinden der Familie garantieren sollte – je unsichtbarer, desto größer das Wohlbefinden. Meine Mutter hat Hausarbeit nicht sonderlich gemocht, aber ich glaube, sie hat die ihr zugeteilte Aufgabe gut erfüllt. Ich bin an Ordnung nicht sehr interessiert und habe schon vor einiger Zeit aufgegeben, so zu tun, als sei das anders. Außer im Zimmer meiner Tochter.

„Die Firma" war nicht weit weg von zu Hause. Gelegentlich habe ich meinen Vater besucht. Im Büro habe ich die endlos langen Lochstreifen bemalt, die aus dem Telex kamen. Mein Vater war Mitte Mai 1945 gerade 16 geworden. Er musste die Schule abbrechen, er musste sich „eine Existenz" aufbauen. In „der Firma" hatte er ein großes Telefon, auf dem neben der Wählscheibe interessante eckige Knöpfe waren. Er hat viel telefoniert. Einmal bin ich in der Frühe mit ihm in den Hamburger Hafen gefahren. Es war sehr neblig. Ich wusste nicht, was mein Vater arbeitet. Er liebte Zahlen und musste viel verreisen.

Wenn wir in die Ferien fuhren, hat mein Vater täglich in „der Firma" angerufen. Meine Mutter fand das nicht gut, denn das war so kein Leben. Meine Eltern hatten sehr unterschiedliche Vorstellungen von „Arbeit" und von „Leben". Für meinen Vater schien beides deckungsgleich. Für meine Mutter nicht. Vielleicht weil niemand ihre nicht selbstgewählte Arbeit als Arbeit anerkannte. „Pflichtbewusstsein", sagte mein Vater, das würde ihn erfüllen, es klang wie eine Stimme aus der Vergangenheit. Die Stimmung war nicht immer gut. Als mein Vater starb, in gewisser Hinsicht am Schreibtisch, war ich zwölf. Mein Vater war sehr oft abwesend und doch für mich da gewesen. Von dem Zeitpunkt an war ich nicht mehr das Kind eines arbeitenden Vaters. Vielleicht war ich von da an nicht mal mehr ein Kind.

In meiner Generation mischen sich die Erfahrungen. Ich war mir immer bewusst, dass die Kriegserfahrungen meiner Eltern auch für mich prägend waren. Geredet wurde über sie nicht, wie bei vielen anderen. Als Kinder nahmen wir sie auf unsere Weise wahr, die Ängste, Aggressionen, den Durchsetzungswillen. Wir finden vieles in unseren Leben wieder.

Als ich anfing zu studieren, wählte ich als Hauptfach Geschichte. Mein Vater hatte sich gern mit historischen Themen befasst. Es dauerte eine Weile, bis ich mir klarmachte, dass Literatur mich ja viel mehr interessierte, mir die Welt besser erklären konnte. Ich wollte eine Arbeit, die für mich auch Leben sein kann.

Ich trage in mir die Vorstellung, dass man sich vollständig engagieren soll. Ich telefoniere viel. Auch mit meiner Tochter. Einmal, als sie noch klein war, hat sie mir meine Arbeit erklärt: „Du sagst Hallo zu Schriftstellern", meinte sie und ergänzt: „Und Schriftstellerinnen." Meine Eltern hätten sich gewundert. Ich bin gespannt, was meine Tochter später für eine Arbeit ergreifen wird.

John Sauter

Mondkind

An den tiefen Stellen schwappt das Wasser gegen die Decke,
Fels, der den See wie ein niedriges Gewölbe überspannt. Drüber
hat jemand ein Fundament ins Gestein gegossen, drauf steht ein
Haus ohne Fenster mitten im harten Material. Drinnen viele Etagen, Flure, noch mehr Räume, niemand könnte sie zählen, auch
nicht das Kind, das im Gebäude auf einer Liege sich wendet, steh
auf, streck die Beine, Schlafsand weg, Finger geknackt, Augen
noch zu, ein Fuß vor den anderen.
Über normalen Häusern stehn in der hohen Luft die Flugzeuge,
angebellt von den Hunden der Stadt. Wuff, wuff, manchmal
wiff, Linienstrom der großen Gleiter, stumm, drunter, meckernd,
Tiefflieger. Brsst, krrst, premm.
Eis essen die Menschen in der Stadt, Kirschgeschmack, knirschen
gen fern Waggons über Schienen, von nah gischtet Wassersprie-
ßel der Brunnen den steinigen Platz. Doch klick und klack kein
Kirschgeschmack, das Kind schmeckt im Mund von links nach
rechts, nach grad, auch keine Stadt, kein Fenster, dieses Haus ist
anders.
Unterm Fundament gräbt sich der See ins Gestein, tief, oze-
angleich, flutet Tunnel, verlagert Luftblasen, Stollensystem,
Blub und Blib, an den Ufern des Sees? Hausen die Fischkinder,
warten auf Heimkunft der Großen, der AltEltern, die in der weiten Dunkelheit umhertauchen, im Rauschen geht ihr Blick, fast
blind von Dunkelheit, Schnipp und Schnapp, nach Futter, vorm

Fischmaul die Schnurrhaare, tauchen im Tief, das brumm und bauchig wies Weltall klingt.

Hörst du das Funkfeuer ihrer Fühlerantennen? Tiere im See, so groß, dass sie Wellen brechen, stellt sich das Kind vor. Mit geschlossenen Augen bemalt es die Wände des Zimmers mit Gedanken. Die Zehen drücken sich beim Gehen Millimeter in den Boden, Linoleum trägt weich, drunter stemmt sich Gestein entgegen, das oben hin zu Wänden wuchert. Das Kind streift an ihnen mit der rechten Hand in einem wellenden Takt entlang, aus Glitzerpunkten sprühen durch die geschlossenen Lider See-Gischten, TiefFlutFische, Ufer, schwappende Überhänge, Schilf, Blumengetier und die im Sommer flirrende Stadt; Geschmack auf der Zunge. Kirsche. Die Spitze tastet über einen Zahn, den hinten in der Ecke, den letzten oben, links, jetzt zählen, plus, plus, plus. Zahl um Zahl mehr Kirsche, 4, 8, 16, aber so viele Zähne gibt es nicht, um zu vergessen, wo es sich befindet, es öffnet die Augen.

Tür vorne links, Hereinrieselschein durch den Spalt, das Kind könnte sich wieder legen, das Feldbettgestell würde iiiig und ooooog machen im dunklen Zimmer. Doch das Kind ist nicht müde, traut es sich hinaus? Gerade ist kein Geräusch zu hören, es könnte einen Versuch wagen, schnellt vor, schnellt Spalt, zum Gang, die Scharniere der Tür meckern, kraaatz und kruutz, viel zu laut! Es darf nicht gehört werden. Das Kind weiß: Ein UhrenApparat bewegt sich durch das Haus, nutzt sogar die Schächte, verschwindet durch ein Lüftungsloch, durch den der massive Körper sich presst, krrrzt, kratzt, ratscht, raschelt, scherbelt, klickt, klackt.

Die Uhr, ganz Maschine, Schmierspuren hinterlassend, dunkles Herzblut, KabelEingeweide hängen raus, als Schopf geschleift oder vor sich zum Pflug, Oktopus, AltÖlRanz und Prozessoren, RootCodes im Hirn, BootFolgen und was noch? Das Geklicker hallt in allen Gängen, mal laut, mal leise, auf dem Linoleum, Kind tappst, tippst, drunter der Fels, sich aufbrechend in Treppenhäuser, Schächte, Terminals in Nischen, hunderte Zimmer, SchaltkreisGeruch, Kondensatoren, Akkumulatoren, Steckplätze, Platinen. Die Rechner singen im Ton, von rechts, von links, oben, unten, während das Kind Schritt um Schritt, die Gänge entlang, eine Flucht angeht.

Es ist nicht das erste Mal hier, das wird ihm an diesem Punkt des Weges, plus minus ein paar Meter, bewusst. Es streckt den Kopf in einen Raum, legt die Fingerkuppen auf die RechnerWandTasten, tippt eine ZahlenFolge wie aus dunklem Schlaf, woher wissen die Finger, sie wissen es eben, ein Flackern am Bildschirm, drin eine Stadt im Sommer, KirschEis, und eine warme Hand hält das Kind. Klick klick, klack, wechsel den Raum, die Uhr schon wieder genähert nah, keine Zeit zu verliern, der Bildschirm erlischt.

Der Geschmack von Kirsche wegweg, stattdessen grau und pelzig, schmeckt immer gleich. Wie oft hat es schon hier gesessen, weiß nicht, die Finger wund vom TippTapp, der Magen hungrig, der Löffel taucht in Nahrungsbrei, der immer im letzten Zimmer des Ganges dem EssApparat entläuft, dazu strullt Wasser auf farblosen Sirup, der Becher in Farbe von Linol, der Teller macht bing, hier bleiben wir nicht.

Ecke um Ecke, jetzt gestärkt, auch Sinne geschärft. Das Ziel vor Augen: die Treppen hinab ins Gestein, bis zum Ufer des Untergrundsees, dann weiter, nur nicht zu lang hineinschaun, denn Dunkelheit blickt stets zurück, schließlich, wenn die Maschine abgeschüttelt ist, rein in die Tunnel, die unter den See noch tiefer ins Gestein tauchen. Dort wird das Rauschen des Wassers von oben her dröhnen. Es drückt mit Macht auf die TunnelDecken, kleine KlingKlingSteinchen rieseln nach unten auf das Gesicht, es wischt, psch, psch, pscht, leise bleiben, denn auch hier müssen die Schritte ungehört sein, Griffe und Stolperleinklackse, gib Acht.

Denn auch wenn die Maschine die engen Treppen nicht hinabrumpeln kann zum See, zu den Tunneln und weiter, so kennt sie doch indirekte Wege, Schächte, die sie nimmt, weil sie immer wieder in den Weg des Kindes münden. Schau dich um, nicht nur gerade, welches Blitzen in der Ferne da? Duck dich.

Jetzt macht der Stollen einen Knick, es gischtet Rauschen, verstärkt, wird zum Krach, nähert sich da Flutwasser oder die Maschine etwa, das UhrMonster, das klickt und klackt? Schon umspült das Geräusch das Kind, der Kanal aus Stein fühlt sich mit einem Male dicht und atemlos an. Drähte umklammern den Hals, wollen die Knochen zerknacken, doch Fingerspitzen erinnern sich. Diesmal ziehst du fester, mitten in den wütenden Maschinengeräuschen, Geschmack von Öl, das Ding blutet, verliert Kraft, reiß nochmal, HydraulikTod, reiß dich los, die Fußsohln spürn die Zentrifuge stoppen, das ist Boden, ein Rennen setzt ein, RampenModus, Flickerlicht umreißt dort eine Form; wenns keine Tür ist, bist du verlorn. Doch die Klinke, ganz weltraumkaltes Eisen, macht: klick.

Noch keine Sicht, zu grell für Dunkelaugen, doch so riecht nur

Asphalt, wenn die Kolonnen heimrolln und der Reinemachdunst aus den Kantinen steigt, während die Arbeiterkneipen langsam die Lichter anwerfen, da liegt vor ihm das Werk, wie es immer schon gelegen hat im Tal, dort tut sich der Schichtwechsel, Eisen fließt in BlubBlasen in heiße Formen, die Ports werfen Schienen durch die vermörtelte Gegend, Spinnennetzknistergebein, die Schlote stehn hoch, Patina pustend in den Himmel, der dicht ist gegens restliche Land. Vor dem Werk spannt sich ein Tor, wie ein dicker Brustkorb, eingebettet das PförtnerHerz.

Der raucht. Wie könnte hier etwas nicht rauchen; nickt, nach links, Schwingtür, rein, DunkelWeitraum, Steinwände glatt, Gott sei Dank kein Schacht, hängende Bilder in fettigem Öl, Dunst, nikotiniert, gemalte Helden, Männer, Prinzen, Stahlprinzessinnen, Paraden, hier und da eine Birke gemalt, die Rahmen verblichen, Fahrstuhl klingt bing, macht klick, großes Knarren trägt nach oben, kurz Angst, weil Gefühl schon wieder schwerelos, aber ein Klack und Bing und Fahrt gestoppt, Etage erreicht, Magenkribbeln, hier ist es warm, nah an was ran, das lange vermisst.

An der Wucherpflanze vorbei, die vom Staub auf ihren Blättern nicht gebremst, sondern im Gegenteil angetrieben wird, das Licht der Milchglastür zu verschlingen, noch ist Platz, ritzel, ratzel, knitter, durch, rechts und links die Rechenräume, doch hier addiert sich zum Summen, Brummen und RatterSchnattern der Maschinengeräte das schrägstimmige Allerlei der Kaffeetassen-Stimmen und das Knirschen des Häckselapparats.

Hier soll eine Ruhigstellung sein, bis das Warten ein Ende hat. Ein paar Stapel Papiere kommen von der schweren, freundlichen

Frau angeraschelt, auch Süßigkeiten, kleines WarteKind? Ist Kirsche dabei? Dann alte Papiere in den Schredder schieben, kaputte Zahlen, zerknüllte Buchstaben, ausgedient, ausrangiert, rrrscht, rrrschtsch, manchmal ist eine Heftklammer dabei, die eigentlich weg soll mit dem EntklammerTier, das zubeißt, das Geräusch von Metall auf Metall ist so schön, und so groß, wie unten im Hof die Schrottlaster wackeln, die alle kaputten Zahlen, Buchstaben und Eisenteile zur Deponie fahren, die in Schutthalden und Schrottdünen die Gegend überragt.

Da nimmt das Kind einen Geruch war. Diesen Geruch hat es vermisst, lange schon. Das ist also diese Wärme, die eigentlich schon raus aus dem SchwerelosTunnel spürbar war, im Fahrstuhl stärker, zum Greifen fast vor dem DruckZeichen Verwaltung/Schmiedewerk auf der Tür. Durch das Milchglas tritt die Gestalt, alles steht, die Ratzelmaschine, die Wartefrau, selbst die Laster im Hof, das Kind steigt vom Hocker, rennt der Gestalt mit vier Schritten über das Linoleum in die Arme. Mutti!

Sie werden zusammen nach Hause gehen in die kleine Wohnung. Vorher müssen sie unter den Schienen durch, vorbei am Kino, in dem nur einmal pro Woche ein Film läuft, verwilderter Park, dann ausgeknipste Fenster mit toten GruselWohnungen, wie es so viele hier gibt, und schließlich hellere mit AbendbrotOrangeLicht, dort wo sie bleiben, in der Gegend, bis es Nacht wird. Essen. Bad. Kuscheln. Vorlesen und Licht aus. Kind im Bett, streckt die Zehen.

Vor dem Haus fängts an zu regnen. Im Himmel, nah bei den Sternen, zeichnen sich Umrisse ab, riesenhaft, ein Blinken an ihren Kanten, große Schlote, die über die Gegend sich wölben, doch die bewegen sich. Was ist das, Kind? Sie wanken, ein Grollen, Einschläge an den oberen SchlotEnden, EisenmäntelGeschosse, das sind Waggons, ganze EisenZüge rauschen in die Schlote hinein, das Himmelsgewölbe bricht auf und auf. Donnert nach unten Beton und Waggon, ganze Züge, zwischen ihren Dieselrohren und Stromabnehmern die Stroboskopnetze der Blitze, das Klingeln von Signalen, Schienenteile, das Pfeifen in der Luft, Orkane zischen zwischen den harten Rädern und Fahrwerken hindurch, Betonplatten, da staffelt sich Zorn, Sturm, Fallen, Schreien, zerwühltes Wolkenmeer, das auf schlammige Felder kracht. Die SignalSirenen schwellen, eskalieren, bilden mit den giftigen RotlichtBlinkern der kaputten HundertSchlote einen Chor. Einschläge reißen den Boden jetzt, Brocken zerknalln, Ketten stauchen, wühlen die Erde, wollen sich klammern am Erzlehm der Gegend, doch fluchen hinab in Tiefen, in neue Schächte, ihre Eingänge schartige Verschüttungen, mit Blitznestern, die drin umherwüten.

Etwas zieht das Kind jetzt nach oben, weg von der Erde, die Blitzlöcher verblassen, so weit entfernt schon, wie kleine Sterne wirken sie. Und da im Vakuum, im Dunkel, hört das Kind etwas: das Ticken einer Uhr, einer Maschine. So wie es sie jede Nacht hört. Es tastet die Wände, fühlt das Linoleum, streckt die Nase zur Tür hinaus, dort im Haus, dessen Fundament gegossen ist in hartes Gestein. Dort unter dem Punkt, der in den Mondkarten mit dem Namen Sylvester verzeichnet bleibt, ist es gefangen, im Mondgefels, wie jede Nacht, sein Weg, tapp tapp, tapp tapp.

Natürlich weißt du es noch, nur ich erinner mich erst jetzt, wie wir damals im Gastarbeiterheim waren. Da war eine Lampe im Stil einer Ampel, ihre Schaltungen machten so tick, tick, tack, klack wie die einer Uhr, riesig, ich lag auf dem Bett, oder saß, nein, ich war noch zu klein zum selbst sitzen, Papas starke Kiefer, seine Sonnenbrille muss auf dem Regal gelegen haben, er hatte so eine warme tiefe Stimme, ich versteh, dass du in ihn verliebt warst. Vom Türspalt her zogen die Gerüche vom Ende des Gangs, dort die Gemeinschaftsküche, habt ihr gestritten? Er wollte uns mitnehmen, er wollte mir auch einen Namen geben, der ihn an sein Land erinnert. Das war weit weg, weit wie MondLand.

Ich verstehe das, und ich verstehe auch, warum ich nicht so heiße, nicht dort bin. Es gab immer diese Gänge, in meinem ganzen Leben, aus denen Gerüche zogen, ein oranger Lichtschein oder laute Musik, Ticken oder Tacken, Klacken, ich konnte immer und an jedem Ort einschlafen; wenn ich die Augen öffnete, in einem Zugabteil, zogen die Schlote an den knarrenden, dunstigen Scheiben vorbei, Fluglichter in Rot, die Fabriken, die Blöcke.

Nadire Biskin

Der Schlüssel

Als Mutter begann zu arbeiten, bekam ich meinen ersten Schlüssel. Es war ein Generalschlüssel. Ich konnte damit die Haustür und die Wohnungstür öffnen. Lediglich die Tür zum Keller hatte einen anderen Schlüssel. Den bekam ich nicht. Davon hatten wir nur einen und mussten ihn jedes Mal in der Schublade suchen, in der alles landete, was selten benutzt wird, aber man doch irgendwann gebrauchen könnte. Den Schlüssel wollte ich nie haben. Ich wollte nie nach unten in den dunklen Keller. Der Generalschlüssel war mein Traum. Er ließ mich wie eine Generalin fühlen. Ich öffnete und schloss damit die Türen, wann ich wollte. Ich öffnete die Haustür für mich und für den Postboten. Ich öffnete die Tür für die Nachbarin, die vom Einkauf kam und keine Hand frei hatte. Ich öffnete die Tür für den Onkel in Weiß, in Blau, in Schwarz. Ich öffnete für den Onkel, der keine Kraft hatte, um den Schlüssel aus seiner Hosentasche zu holen. Mutters Arbeit öffnete die Türen. Ich wurde dadurch vom Arbeitslosenkind zum Arbeiterkind. Somit passte ich auch besser zu dem Bezirk, in dem ich geboren war und wo wir damals lebten. Es hieß *Arbeiterbezirk* Wedding. Ich freute mich, weil ich wenigstens dorthin passte, wo ich herkomme. Denn sonst kam ich aus der Türkei, aus Deutschland. Sonst kamen wir überall her, wo wir nicht herkamen und wo wir nicht zugehörig waren.
Endlich durfte ich wie die Nachbarskinder mit dem Schlüssel um den Hals durch die Straßen laufen. Ich stolzierte auf dem Weg von der Schule nach Hause. Ich lief durch die Straßen mit dem

Schlüssel, als würde ich eine Medaille der Bundesjugendspiele tragen. Lange hatte ich darauf gewartet, einen eigenen Schlüssel zu bekommen. Nein: Ich hatte nicht gewartet, warten bedeutet hoffen. Gehofft hatte ich nicht. Ein dritter Schlüssel war nicht notwendig in unserem Haushalt. Mutter und Vater hatten ihre Schlüssel. War Vater in der Teestube der Moschee, öffnete Mutter mir die Tür. Ging Mutter einkaufen, war Vater der Türöffner. Doch dann fragte Keziban Teyze Mutter, ob sie nicht ihre Vertretung sein möchte. Keziban Teyze flog im Sommer für sechs Wochen in den Urlaub. Ihre Arbeit war wichtig. Das konnte ich mir denken. Schließlich brauchte es ja eine Vertretung. Aus der Vertretungsstelle wurde dann eine Festanstellung für Mutter. Ihre Arbeit war dreckig, das begriff ich schnell. Ich ging in den Ferien mit Mutter putzen. Das ärgerte mich. Ich konnte nicht ausschlafen. Gemeinsam mit der Sonne erhoben wir uns. Wir blickten auf unsere Füße und machten uns auf den Weg zur Arbeit. Es waren um diese Uhrzeit nicht viele Menschen unterwegs. Wir hörten die U-Bahn kommen. Ich hörte das leise, rhythmische Bewegen meines Schlüsselanhängers und das erinnerte mich daran, warum ich so früh aufstand. Ich war Mutters Assistentin, ihre Praktikantin. Mutter sagte, es sollte mir eine Lehre sein. „Oku!" Sie sagte es immer wieder im Imperativ, während ich Mülleimer leerte und sie die Schreibtische von Kaffeeflecken befreite.

„Oku" bedeutet *lesen* und *lernen*. „Oku", lernte ich in der Koranschule, kam auch im heiligen Buch vor. „Iqra" hieß es dort. In der Schule war meine Aufgabe das Lesen und Lernen. Im Gegensatz zu meinen Lehrerinnen warnte Mutter, wenn ich nicht lese und lernen würde, dann müsste ich so wie sie putzen. Ich müsste den Dreck anderer Leute weg machen. Sie pausierte manchmal bei ihrer Arbeit, streckte die Arme aus. Mit dem Lappen in der einen Faust, deutete sie auf ihre Hände. Diese Hände verrieten mir alles über Arbeit. Sie lehrten mich mehr als Worte, Sätze und Formeln in der Schule. Sie gaben mir damals meinen ersten Schlüssel. Für Essen außer Haus reichte Mutters Verdienst trotzdem nicht. Wir bekamen weiterhin Transferleistungen wie die meisten um uns rum. Wir hatten immer noch keinen Mercedes. Meine Eltern verbrachten meiner Meinung nach immer noch viel zu viel Zeit zuhause, verglich ich sie mit den Eltern meiner Mitlernenden vom Gymnasium. Das bedeutete konkret: Ich hatte viel zu selten die Fernbedienung in der Hand. Vater schaute immer „Arabella". Mutter arbeitete in der Küche. Vater war Arbeit. Ich war Arbeit. Wir waren Arbeit. Mutter aber hatte keinen 9-to-5-Job, sie arbeitet 24/7. Von Freunden verabschiedete ich mich spätestens an der Haustür. Ich zog die Schuhe an der Wohnungstür aus, legte sie behutsam beiseite, damit wir keinen Ärger von den Nachbarn bekamen. Dann lernte ich in der Küche. Ich machte meine Hausaufgaben. Hob ich meinen Kopf, sah ich Mutter, die ihre Schritte einstudiert hatte wie eine Barista. Ich lernte: Blicke ich nicht in ein Buch, lasse ich aus Langeweile den Stift los, dann muss ich wie Mutter alle Arbeitsflächen dieser Welt zum Glänzen bringen. Ich muss den Boden pflegen wie meine Lehrerin ihre Hände, die sie während unserer Arbeitsphasen mit Kamillencreme eincremte. Hätte ich dann ein Kind, würde es auch einen Schlüssel bekommen wie die Kinder von allen Arbeitenden. Denn der Schlüssel ist das Bindeglied zwischen allen Arbeitern und ihren

Kindern. Doch weder ich noch dieses Kind würde ein Namensschild bekommen. Man könnte meinen Namen nicht von meiner Brust ablesen und keiner würde ihn erfahren wollen, geschweige denn mich fragen, wie er bitte richtig ausgesprochen wird. Ich würde auch nicht „Frau Reinigungskraft" genannt werden so wie die Arzthelferin unsere Hausärztin „Frau Doktor" nennt. Ich weiß das, weil die sechs Wochen auf Arbeit mit Mutter mich das gelehrt haben. Ich weiß das, weil ich genug Zeit zum Nachdenken hatte, während Mutter uns alle versorgte. Mutter, die sich vergaß, aber ihre Arbeit nie vergaß. Mutter, die vom Wischmopp ständig Blasen zwischen den Fingern bekam, gab mir den Schlüssel. Sie gab mir die Zeit zum Nachdenken, zum Hausaufgabenvergessen, zum Trödeln und Schlendern. Sie machte es möglich, dass ich einen Beruf ausübe, von dem meine Hände nicht austrocknen. Dass ich Kolleginnen und Kollegen habe, die Mütter wie meine Mutter ihre Wohnungen sauber machen lassen. Und jetzt sitze ich hier am Konferenztisch mit jenen Kolleginnen und Kollegen, ich bin auf Podien mit ihnen. Wir machen gemeinsam Mittagspause, treffen uns zum Kaffee. Ich berichte, wir erzählen, wir hinterfragen, wir amüsieren uns gemeinsam. Ich weiß aber nie, wie ich ihnen sagen soll, was Mutter gemacht hat, bis ihre Gelenke nicht mehr konnten.

Ich denke an meinen Schlüssel. An Mutter.

José F.A. Oliver

Boquerones vs. Metzelsupp. E Säcklestreckerbrief namens
W:undverwortung & W:andersprech

Wie sich das Andalusische ins Alemannische vernarrte und das
Alemannische mir den Süden zubranden ließ

Vor der Kunst des Schreibens war die Kunst des Sprechens. Die
Mündlichkeit des Erzählens. Und vielleicht ist jede Frage letzten
Endes die barfüßige Antwort auf die menschliche Neugier, die
alles wissen und doch nie befriedigt sein will. Deshalb gleich
zu Beginn eine Frage, die sich mir beim Schreiben mehrfach in
die Quere stellt. Durchaus mit positiver Wirkung: Was setze ich
voraus, wenn ich erzähle? Antwort: alles und nichts! Und eine
zweite, der ich mich ebenso selten verweigere: Was setze ich voraus, wenn ich frage? Antwort: nichts und alles! Damit wäre die
literarische Absicht dieses Textes ins Offene geklärt und eines
meiner alemannischen Lieblings*wörtle* angesprochen: *wunder-*
fitzig. Eine Einladung, geneigte Leserin, geschätzter Leser, sich
meinem unvollständigen Erzähl-Mosaik zu stellen, könnte dem-
entsprechend lauten: „Blibb wunderfitzig!" Frei nach dem Motto
Calderóns: „Ich war ein Dummkopf und was ich gesehen habe,
hat mich zu zwei Dummköpfen gemacht!" *Jo, de Wunderfitz!*
Nicht nur dieses zweifelsohne streitbare Wort hat mir das Alemannische in die Wiege gelegt. Bald zog ich mein *Narrenhäs*
an, sprang und sang: *Hätsch di Mull mit Wasser griibe, wär dr s*
Geld im Beitel bliibe! Du bisch e Siech! Völlig akzentfrei. Solch

früher Erkenntnis aus unzähligen *Fasentsdäg* zu Dank verpflichtet, stehe ich noch heute oft selbstüberrumpelt da. *E Schämme* im Herzw:ort und – wie könnte es anders sein – „bin so schlau als wie zuvor". Mit einem andalusisch-spanischen Herkunftsklang im ausgesprochen *riigschmeckte* Namen *unere Saublooder in de Hond*. Den schlafenden Schalk im Nacken *un koi Fedrewisch*, der abgestaubt würde oder sich selbst abstaubte; von all dem, was gewesen sein könnte. Buchstäblich ein Gewinn *wi e alde Eseslskapp uffem Berzel* und mitnichten eine Niederlage der vagabundierenden Vernunft eines südlich-nomadischen Werdegangs im Gast-Norden der Arbeitsbeziehungen. Warum sind Sätze bisweilen nur Sternschnuppen? Doch zum Buch meiner poetischen Fragen später. Außerdem verspreche ich Ihnen aufs Unverdrossenste: Ich w:erde schön-melancholisch abzweigen, im Folgenden natürlich maßlos übertreiben und Adjektive anhäufen, die mir sonst nur beim Anblick der Heiligen Jungfrau einfallen würden. *¡María Santísima!* Aber genug der Vorrede.

Vater war nie zu bändigen. Besonders dann nicht, wenn er aß. Essen war eine seiner delikaten Leidenschaften, um nicht zu sagen: köstlichsten Tugenden. Sein bisweilen einem gewissen Nostalgieschmaus zugewandtes mediterranes Vaterwesen offenbarte sowohl die barocke Fülle s:einer verwegenen Gastarbeateridentitätserlaubnis – *¡Soy Gahtabeita y nada más!* –, als auch den Mangel, den die Entbehrungen der Migration in jedem der Weisheiten barg, die er für gewöhnlich nach einer seiner üppigen Schlemmereien alltagsphilosophisch von sich gab. „La memoria es un pez en tierra." *Das Gedächtnis ist ein Fisch an Land, ¡pescaíto!*

Manchmal reichte er uns seine Gedanken *sentimental* vorge-
kostet, zuweilen *patéticamente* abgeschmeckt. *Sentimental* mit
gefühlig zu übersetzen und *patético* mit *pathetisch* wäre allerdings nur ungenügend auf den Punkt gebracht, also nicht *al
punto*. Ja! Wir Kinder waren mächtig stolz auf *papá*. Meistens.
Hin und wieder zeigten wir uns aber auch signifikant zögerli-
cher in der ansonsten unbekümmerten Euphorie oder der in aller
Regel aufrichtigen Hochachtung, die wir für ihn empfanden,
angesichts seiner mitunter ins Spektakuläre ausufernden lukulli-
schen Passion: *su exagerada pasión de comer*. „Hin und wieder"
bedeutet einmal im Jahr. In Andalusien. Weit, weit abgelegen –
vom Schwarzwald aus betrachtet. Gleichwohl. Zwischen einem
ausgelassenen Narrentreiben und einer triftigen Übertriebenheit,
auch ohne *Schelle und Marotte*, ist Entfernung, das sei noch
angemerkt, allenfalls *e Muggeseggele*.
Die unmittelbare Zeugenschaft, die uns dort *en Andalucía* an seinem sattsam unbescheidenen Mundbegehren teilhaben ließ, war
ein ausladend meerkulturelles Privileg erster Güte, um es elegant
zu formulieren. Verzehreskapaden, die sich stets anschickten,
mit einer kühn inszenierten Schluckartistik jeglichen Hunger
stillen zu wollen, wo immer ein paar Speisen bereitstanden.
Auch den Appetit der anderen, die sich rund um die sandige
Freilufttafel aus offenem Feuer *y pescaítoh* versammelt hatten.
Ein bemerkenswert verschwenderisches Freudenmahl darben-
der Herkunftsmangas. Doch selbst in jenen, längst zu Anekdoten
mutierten Stunden, in denen wir uns ein Gran schwerer taten,
die erwartungsfröhliche Faszination oder die wohlgemute Wert-
schätzung für unseren Vater zum Ausdruck zu bringen, waren

wir komplizenhaft mit ihm verbunden und von seinem Auftreten berührt. Es stellte sich freilich dann stets eine akute Irritation ein. Eine Art von heiterer Verdutztheit und einem plötzlich aus frivoler Wollust zusammenzuckendem Schauder. Aber was soll's. Es überwog das unbeirrbare Gefühl der Ergriffenheit, auch wenn diese mit einer respektablen Gänsehaut wetteiferte. *Con los vellos de punta,* wie die spanische Sprache die erschrockenen Härchen bezeichnet, die sich in bestimmten Situationen *ums Rumgucke* am ganzen Körper schockaufrichten und spitzerregt zu Berge stehen. Als wollten sie selbst auch unmittelbar daran partizipieren und um jeden Preis den Überblick bewahren, wie es die restlichen Betrachter des Einakters taten, die gebannt dem Melodram beiwohnten. Ganz im Bann des kulinarischen Ereignisses. Obgleich mit einer klitzekleinen Furcht. Und deren Frösteln. Die sich unter instinktiven Mitkontraktionen der Umherstehenden paarten und unversehens in ein sich Übergebendes auslaufen konnten. Quasi einem „Oh, Gott, mir wird gleich schlecht!"-, wenn nicht gar „kotzübel!"-Nichtsdestotrotz! Wie dem auch immer war! Letzen Endes siegte samt und sonders immer die couragierte Bewunderung seiner Kinder. Das machte ihm so schnell keiner nach! Er war unbestritten – daran gab es nicht den leisesten Zweifel – er war, in einer einzigen Person und ihrer charakterlichen Vollendung *una figura propia.* Ein *Boquerones-Sancho* und ein *Sardinen-Don-Quijote* in einem. Stattlich. Tapfer. Unverzagt. Und: zügellos sympathisch. Auch ohne Esel oder Gaul. Kopf um Gräte den Atem riskierend. Zum Welterwürgen schön-melancholisch und gänzlich von nicht-trauriger Gestalt.
Erwartungsvoll und nicht minder begierig wie Vater auf das Kom-

mende selbst, hatten wir Kinder uns, wie jedes Jahr während der andalusischen Sommerferien, in Reih und Glied bzw. von kleiner nach größer anwachsend vor ihm aufgebaut, wenn er sich, und das zu jeder heiligen Mittagsstunde, an seinem Lieblingsstrand in Málaga, an der *Playa de la Malagueta*, wieder einmal coram publico seinen Magen sehnsuchtsheimisch befrieden würde. Zunächst mit einem, so mutete es zumindest an, besänftigenden Streicheln, das seinen dann schon Tage zuvor braungebrannten Bauch in sich verdichtenden Kreisen aufs Zärtlichste bezirzte, um kurz danach schnurstracks und gutgelaunt aufs Deftigste loszulegen. Einfach heroisch. *Un hidalgo de panza.*

Wir kannten diese in jeder Hinsicht schollenverzückte und zupackende, väterliche Genussausübung bis in jedes noch so kleinste Detail und konnten nicht genug davon bekommen. Jene ungehemmte Kiefer- und Halsperformance, die nur von stoßgebetsartigen Dem-Himmel-sei-Dank!-Huldigungen und den von Vater so schmerzlich vermissten Endlich-wieder-daheim!-Akklamationen in Sekundenschnelle unterbrochen sein würde. Versöhnliche Klagerufe des Frohlockens, die wir zwar nicht wirklich vernahmen, aber in seinen Augen um so eindringlicher hörten. Spätestens damals wurde mir wundersam klar, dass Augen inneren Ahnen wie Urstimmen gehorchen und Ohren Lautvermächtnisse zu schauen vermögen.

Die opulente Glücksorgie musste eine über Jahre hinweg domestizierte und notgaumenstrotzende Beschwörung kulinarischer Urwüchsigkeit sein. *¡Salve, boquerones!* – die einzigen, die es dabei zu bändigen galt. Fast ein religiöser Akt demutsvoller Hingabe und Kommunion.

Vater zog die heimischen Köstlichkeiten behutsam von den angespitzten Bambusspießchen und sog, als weithin sichtbare Siegestrophäen demonstrativ und vor allem einzeln und ohne Pause, einen Fisch nach dem anderen, mit einem aus der Tiefe seiner Seele heraufgeseufzten *¡ay!*, der jeden *cante jondo* im Nu verwaisen ließ, in sich hinein. Ein mundzeremonieller Schnell- durchlauf aus devoter Schwelgerei und Wehmut, den wir so nur bei ihm erlebten, schob er seine göttliche Leib- und Seelenspeise in den Mund und verschlang sie wie in Trance. Die Sardinen schienen nach Hause zu schwimmen und er hinterher. *¡Diós mío!* Ein inbrünstiges *¡Qué bueno eh comé!* war alles, außer den bereits angedeuteten Stoßgebeten, was Vater dabei von sich geben sollte. Den Rest, wie Sie wahrscheinlich ahnen, sah und hörte man. Ein schmatzendes, in sich verleibtes Dauerjauchzen, wenn der *espeto*, was heißt einer, wenn es alle *espetos* in exorbitanter Aufholgeschwindigkeit wider alle Verluste im gastarbeitenden Norden in seinen Bauch geschafft hatten. Vater vertilgte einen *boquerón* nach dem anderen. Ohne mit der Wimper zu zucken und, das sei noch einmal hervorgehoben, ohne ein einziges Mal in die Versuchung zu kommen, auch nur die geringste Kaubewe- gung auszuführen. Flutsch und weg!

Wir schauten, staunten und zitterten; nicht nur vor Ehrfurcht. So sehr, dass wir unweigerlich und, körperlich anteilnehmend, wie handgerollt, mitschlucken mussten. *Una tras otra.* Wir Kinder stopften unweigerlich auch eine Sardine nach der ande- ren mit hinab und hatten dabei nicht eine von ihnen angefasst. Geschweige denn, dass wir die *boqueroncitoh*, wie Vater sie nannte, nach der waghalsigen Vorführung in seiner Mund- und

Schlund-Manege jemals hätten versuchen oder überhaupt essen wollen. Beileibe nicht!

Vater war mit leuchtenden und immer größer werdenden Augen in einer anderen Welt. Nein! *Meer* noch: Er wurde zu einer anderen Welt. Je mehr der kleinen, olivendunkel schimmernden Urlaubsfischchen in ihm abtauchten. Als hätte er ein ganzes Jahr nur diesem einen, sein ganzes Dasein berauschenden Memento *de las queridas sardinas* entgegengefiebert.

Vater und das Meer. Das war sein Paradies. Die Tage seiner eigenen Kindheit wieder zu schmecken und keine Schuppe davon zu schmähen. Für uns das Aufregendste der großfamilienschweren Dauerpräsenz am Strand. Eine südliche Herausforderung, die wir nicht gemeistert hätten, wäre jenes väterliche *sardinitas*-Schauspiel nicht gewesen. *¡Otra, otra, otra!* Noch eine, noch eine, *papá!* Noch eine!

Wenn Vater dann nach diesem Spektakel aus Verlangen und Überschwänglichkeit völlig ermattet, aber heimatsatt daniederlag, erst dann, und nur dann, begann er zu erzählen. Aus seinen Kindertagen und vom Hunger. Als wäre das Fabulieren ein zusätzliches Enzym seines Körpers gewesen, um wirklich zu verdauen, was nicht zu verdauen war. Kurz danach wurde es still: Siesta. Wir hatten Muße nachzudenken, uns fort zu träumen. Auch mit Sätzen wie diesen: *¡Lo que nos duele, nos alimenta!* Was uns fehlt, ernährt uns!

Wie weit weg war in jenen Augenblicken unser eigener kulinarischer Geschmacksunterschlupf aus verdingter Heimat und Geborgenheit: Speck, Schwarz- und Leberwurst *odder e guets Päärle Broatwurscht*. Abgehängt in einem fernen Rauchapparat

aus haltbar gemachtem Vergessen und in den für ein paar Vater-
momente erlebten Erinnerungen scheu aufgehoben. Und doch
war alles präsent, was auch nach unseren Erzählungen roch.

Schon früh lernte ich von Pablo Neruda nicht nur aufmerksam in
dessen *Buch der Fragen* aufzulesen, was künftig auch für mich
ausschließlich poetisch bewortbar sein würde. Mehr noch. Der
große Chilene verführte mich, meine eigenen *preguntitas* zu stellen: Warum kennt der Schwarzwald die Angst des Stierkämpfers
nicht und weshalb gibt es in Andalusien keine sprichwörtlichen
Kirschen in Nachbars Garten? Was erzählt die Linde von den
Palmen, wenn sie am Brunnen vor dem Tore heimlich in den
imaginierten Duft aus Jasmin und Oleander *loschore duet?* Weiß
das Eichhörnchen an den Triberger Wasserfällen um die in mir
dumpf gefallenen Pinienzapfen verdorrter Kaktusfeigen im
Fremdbekannten verwaister Augen? Weshalb ist im Spanischen
das Wasser weiblich? Und was bedeutet die mit ihr einherge-
hende maskuline Hilfskonstruktion der scheinbar erleichterten
Aussprache? Weshalb heißt es *der* Tod? Ist er wirklich so männ-
lich im Deutschen? Aber: *der* Fluss!, dachte ich immer wieder.
Schon als Kind. Der Fluss, der Fluss ... *El río y río.*

Alles sollte fließen. Wie im Spanischen. Dort fließt das Lachen –
me río para no llorar. „Ich lache, um nicht zu weinen." Auch das
war Vater und einer seiner Geistesgaben: *Wenn du lachst, ist alles
im Fluss ...* „Si te ríes todo fluye y los problemas se visten más
ligero y aprenden nadar." ... *kleiden sich die Probleme leichter
und lernen schwimmen.* Wann täuscht dich dein Ohr und wann
reicht dir dein Auge eine verführerische Fata Morgana? Ist Her-
zensbildung, sich sch:reiben zu dürfen?

So wurden mir nicht nur die grammatischen Artikel ein ernstes Spiel um Genus und Geschlechter in ungeahnte Possen um alles, was vermeintlich korrekt war. Und meine tatwörtliche Vorstellung von Sprache und Genuss schirmte reale Absurditäten aus. Misstrauen erwächst auch in dem, was vertraut sch:eint. Indes auch das Vertrauen in das, was gemeinhin das Misstrauen im Elend zeichnet. Er oder sie? Es? Der? Die? Das? Fast ein Kinderreim: Wieso? Weshalb? Warum?

Auf der Straße hörte ich immer wieder den Satz: „Muesch halt schwätze mit de Litt!" Und in meinem andalusischen Domizil mitten im Alemannischen wurde mir mahnend angetragen: „¡Atención, muchacho!" Ich möge doch erst zuhören, bevor ich zu sprechen gedachte. Davor, danach, mitzwischen: ich. Sanft untermütig aus Verlegenheit und Sinnes-Scham. Vor altklapprigen Mühlen am rauschenden Bach. Ganz ohne jenen treuen Ritter von der traurigen Gestalt. Es ging ja beim Schwarzwälder „Rauschen" ums „tat-sächliche" Wasser und nicht um den illusorischen Südwind.

Mit all den bereits erwähnten Verschrobenheiten hingen meine Wörter nachts taumelnd herum. Eigenbrötlerisch träumend. Und verbrachten (sich) meine Wahrnehmungen an der Lanzen(un)-geschicklichkeit des hochedlen alt-kastilischen Junkers, saßen auf dessen knorrigem Klepper der Vergeblichkeit, namens *Rocinante*, oder stopften mit Sancho Pansa sämtliche Zwiebelknollen in mich hinein, deren sie habhaft wurden; vor allem dort, wo ich mich sommers tagsüber unter Quittenbäumen lang zu strecken pflegte, wenn wir aus nicht näher erläuterten Gründen im Urlaub nicht gen Málaga aufbrachen, um wie jedes Jahr, zumindest für

mich, die Unübersetzbarkeit der Wundvorstellung *Heimat* auf
die Narbenprobe zu stellen.

Während all dieser Sinneswandlungen mit und ohne Fragezei-
chen lehrte mich Lorca manch Rätselhaftes im Gedicht als solches
zu bewahren. Ohne allem auf den Grund gehen zu müssen. Ach,
der Grund, der ja meistens *Gründe* war – ein Plural! Ein Fächer
voller Herkunfts(ge)schichten. Was unterschied schon blühende
Orangenbäume am Guadalquivir vom sanften Flug der Ahorn-
propeller im Kinzigtal? Poesie ist Poesie und nicht zu erklären.
Ganz nebenbei erfuhr ich von Johann Peter Hebel schließlich,
dass *de Dod* viel weicher fortklingt als das zungenharte Schnit-
ter-T schattenrissiger Sensenmänner.

Ich bekenne, ich liebe Widersprüchlichkeiten, Verwerfun-
gen, Ausgefranstes. Äußere wie innere Kontra-Diktionen. Das
Passt-Aber-Nicht! des Lebens im wörtergefütterten Chaos. Die
verrückten Handreichungen aus nach mir g:reifenden Utopien
und Visionen, die unerhört und ungehört die Wirklichkeiten auf-
brechen. Das Lebens-Maß alltäglich aufs Neue poetisieren. Das
ist ein Credo. Auch meins. Eine Notwendigkeit. Eine wunder-
same Art von Zuneigung und Liebgewähr.

Liebe gehe bekanntlich durch den Magen. Sagen die einen. Auch
die anderen. Damit wären die Reviere abgesteckt. Zumindest
die Lust- und Seelenlichtungen in der Grammatik leibbewusster
Tage. Ich liebe Dich! Du liebst mich! Du liebst mich nicht! Ich
esse! Er hat Hunger! Sie nicht minder! Wir haben Hunger!

Hunger haben? Und schon beginnt das Wörterspiel einer nächsten Gedankenrunde. Eigentlich habe ich ja nur Appetit. *Hunger*
leiden andere. Blumensträuße an fetten Köstlichkeiten auf den

Tischen sind ein Luxus in dieser Notkunft Welt. Und doch: *La vida es bella*. Das Leben ist schön. Auch das betonte Vater immer wieder.

Meine Kindheit war eine vielw:örtliche. Eine lustvolle Verzwitterung. Per se in sich verzweit und nie wirklich allein vorort. Eine unentwegte Geburt ins Nächste der unverhofften Worte. Eine Wald- und Wiesenkindheit ohne Meer. Eine Bauernkindheit ohne Hof. Eine Gastarbeiterkindheit ohne ... ja, ohne bürgerliche Anerkennung. Die Trinität einer verwehenden Metapher, die heuer Biographie genannt werden dürfte. Sie formte mich, nicht normte mich! Denn. Ich war niemals Leidender, sondern ein Mehr- und *más*- und Meerkultureller. Schon bevor ich es wusste. Das „und" aus Grünem Meer und blauer *mar*. Ungebunden verbindend.

Bedeutungen schälen sich erst mit der Zeit heraus. Manchmal sogar Jahre später und aus Worten w:erden W:orte. Auch eine spätere, nicht zu späte Einsicht, weil nicht alles, was unterm m:ahnenden Herrgottswinkel meiner Kindertage *e Vesper* und ein *Vergelt's-Gott* w:erden sollte, seinerzeit *en paz* und *friedlich* begann. *¡Déjame en paz!* bedeutet im Spanischen übrigens auch: *Lass mich in Ruhe*. Ob das schon Frieden ist?

Wie viel Tod birgt ein tägliches Tisch- und Dankgebet? Wie viel Lebenslust auf – und wie viel Lebensfreude über das bekreuzte Brot? Meine Kindheit war, das sei fast zum Schluss noch angeführt, immer auch eine katholische.

Ausgespannt zwischen *La Servita* und *Maria unter den Tannen*. Die zu Tode gegrämte, in sich kauernde, vor Trauer eingefallene Dienstmagd des Herrn auf der einen und – in jedem *Bildstöckle* am Wegesrand in die Wälder gitterbehütet – ein fantasiertes *Maria-Breit-den-Mantel-aus* auf der anderen Seite. Die eine, die Pein und Leiden trug wie eine schön-verklärte Lust am Dauerschmerz. Die andere, die Zuflucht und Schutz gewährte und ewig lächelte. Jeweils ein selbständiges und doch gegenseitig untergehaktes Idyll aus Seelennot und Liebreizgüte. Fiktion und Wirklichkeit(en). Dort ein Gesicht aus Perlentränen hinter ihrem andalusisch dunklen Schleier; und hier eine Madonnengestalt als Ewig-Hauch des Zuspruchs, der sanft die Haut, wenn nicht vom Menschen selbst errettete, wenigsten wunderkindlich barg. So wie „bergen" ins „Aufgehobene" vermündet. Beide filigran gestaltet; als einzige Möglichkeit ins Überleben, die unbesprochene Sehnsucht anrufend. *Una nostalgía* und eine Nostalgie, die auf fremdbekannten Pfaden Wälder- und Meereswellen leibten. Im Doppelpack. Hinterm grünen Meer das blaue. Meer und Meerin ...

Wo enden Horizonte? Wo beginnen sie? Die Fragen wuchsen auch aus diesem Wi(e)derschein. Denn es gibt, aller Vermischungen zum Trotz, das Unauflösliche der Bilder. Das Geheimnisvolle. Nicht nur in den Gedichten Lorcas oder Celans. Und es gibt Maischenächte, die ganze andalusische Dörfer in Schwarzwälder Holzkarren blubbern und vergären; und Sommerabende gibt es, deren Grillenzirpen keiner Visumspflicht unterliegen. Geschweige denn um irgendeine Erlaubnis bitten (müssen). Was für die einen ein heilloses Erlösungsdurcheinander, ist für den nächsten eine Wörter-Fähre ins „Zerrettende".

Die Bilder, die sich in meinem Schreiben kontinuierlich einstellen, sind folglich w:undgetrennte Wesen, die sich irgendwann verstricken, um sich genauso unversehens wieder fortzufädeln. Das *Los*, sich *aufzulösen* in tröstenden Sprachgeschöpfen! Wie nah die Wörter dann doch auch wieder beieinander liegen. Nah wie Liebende. Oder in deren Gem:einsamkeiten ... Eins im andern. Sie ahnen schon ... Ich komme vom Wort im Wort nicht wirklich fort. Besonders im Deutschen: Liebe, lebe! Ver(b)leib!

Schon in frühen Kindertagen lernte ich die Vermessung der Welt wider jegliche Geometrie und ihrer abgenutzten Formeln im Beg:reifen auszulieben; Begriffe, die sich überdehnten, sehnten und ins Neue m:einer Sprache spannten. Das Wort „Bolzen" sei beispielsweise auch noch in diesen Text mit aufgenommen. Nicht dass wir Kinder nicht genug „Bolzen gedreht hätten" – das lag an der Direktheit des Alemannischen: „Do hesch aber e Bolze dräht!" Um kurz danach aus den Zurechtweisungen der Anderssprachigen, die mich auch vereinnahmten, zu hören: *¡Eres un chorizo!* „Bisch e Schlawiner."

Wie ich mich mit dem Vorwurf einer Paprikawurst in Verbindung bringen sollte, war mir unerklärlich, auch wenn das Lexikon per definitionem zu lehren weiß, dass das Wort aus dem Lateinischen käme und „salsicium" gesalzen bedeutet. Und wenn jemand „gesalzen" ist, dann hat er's dicke in sich. *¡Salao!* Es schmeckte jedenfalls trotz aller ungeklärten Wörter vorzüglich: Spiegeleier mit gebratenen Paprikawürsten – immer zwei. *Dos huvevos fritos con chorizo.* Selbstverständlich in Olivenöl gebraten. In Málaga alltäglich auf dem Tisch und hier im Schwarzwald für Mutter ein Widerstand in der Fremde. Denn der Kulturschock, eine Brise Zucker in den Salat zu geben, saß vom ersten Augenblick an, in dem sie auf die exotische Küche des Schwarzwaldes traf. Kann man beim Kochen einen Bolzen drehen? Sprachlich ja. So wie ich es mir oft genehmige. Der *chorizo* als kleiner Tagedieb hat übrigens nichts zu tun mit dem Paprikagewürz spanischer Würstchen – er kommt aus dem *calé*, der Sprache, die es jenseits der Pyrenäen auch noch gibt.

Apropos Bolzen. Es war für uns Kinder verboten dabei zu sein, wo der Bolzenschuss Anfang und Ende bedeutete. Des Todes und des Lebens. Das Männliche, das auf eine Sache trifft. Der Tod. Das Leben. Eine krude Betäubung, bei der wir keine Zeugen sein durften. Zu gefährlich! Wir mussten im Esszimmer verharren, bis der Schuss sein Ziel erreicht hatte. So sehr wir auch das Ohr an die Tür gepresst hatten, die lauernde Tat war nicht zu hören. Auf diese Art und Weise entstand ein erster nordischer Ort des Todes und der Metzger grinste. Den Schlachtschussapparat in seiner Rechten. Danach war auch unsere Handarbeit gefordert. Wir durften wieder Zeugen sein. In *de Wäschkuche* das Blut rühren, die Borsten unter heißem Wasser abrubbeln, die Sau blankschaben und im Wohnzimmer das Fett in Würfel schneiden ...

Ich versuchte seinerzeit beim Metzgen, die Bilder und die Wörter ins Spanische zu übersetzen – „Fir d Metzelsupp! Do nimm!" Was mir deutlich misslang. An der andalusischen *Costa del Sol* reichte man lieber die aufgespießten *boquerones*. Vom anderen Leben aufgetischt. *Espetos de sardinas* oder *boquerones fritos*. Aber das wissen Sie jetzt, verehrter Leser, geschätzte Leserin.

Weder Fisch noch Fleisch also. Nein, falsch! Das war es nicht! Eher: Fisch und Fleisch. Zwei spannend getrennte Welten in einer, um die Trennung alsbald in ihnen aufzuheben. *Boquerones* vs. *Metzelsupp*. Ihre mittlerweile seligen Worte *d Wäschkuchi*, wie die Kinzigtäler sagen, *e alde Zuber, e Holzleiter, e Spalt-klotz un e große Kessel* und ein improvisiertes *chiringuito*, ein *Familien-Chiringuito* im Kopfstrand, wo Málaga das andere Ortsgedächtnis wie das Feuer für den Kessel schürte.

Es hatte etwas von Erwachsenwerden, beide Wirklichkeiten nach und nach anzunehmen; und ich glaube, nicht nur die Unwägbar-keiten der Liebe, auch die Identitäts*versucherle* gehen durch den Magen.

Nota bene: Dass Mutter an den winterlichen Schlachttagen im Schwarzwald *s Hirnle von dere Sau* schon am Morgen für sich und ihren *ondalusische Eierdotsche* am Abend reserviert hatte, das wäre wahrlich eine weitere, ungereimte Geschichte, die uns Kinder nicht weniger staunen und schaudern machte als die Sardinen-Beschwörung unseres Vaters. Aber die erzähle ich viel-leicht ein anderes Mal.

FM Einheit

OrgAnarchie

Meine Eltern Hannelore und Karl-Otto Richter trafen sich nach
den Kriegswirren Mitte der 50er Jahre im Ruhrgebiet. Vater war
an der Front gewesen und machte nach der Heimkehr Notabi-
tur, studierte Architektur und Ingenieurwesen. Er traf auf die
lebenslustige Stenotypistin Hannelore, die ihren ersten Mann im
Lazarett verloren und mit Charme, Organisationstalent und Bau-
ernschläue sich und ihren Sohn zurück in das zerbombte Essen
gebracht hatte.

Die Familie wurde gegründet, der erste Sohn geboren und ein
erstes Haus gebaut. Von nun an musste Vater immer mehr Platz
schaffen: Die Kinderschar stieg innerhalb von acht Jahren auf
ein Mädchen und sieben Jungen. Zuerst wurde zum Nachbar-
haus durchgebrochen. Ein schwellenloser Übergang. Doch bald
reichte der Platz nicht mehr für ein neues Kind pro Jahr. Für Nr. 7
und 8 baute Vater ein neues Haus mit eigenem Zimmer für jedes
Kind.

Es herrschte ein toleranter und weltoffener Geist, und so wurde
unser Haus zum Spiel- und Abenteuerplatz für die anderen
Kinder der Gemeinde. Hier konnte man sich austoben. Die lei-
denschaftliche Mutter und Einkäuferin verteidigte ihre Gang mit
unnachahmlicher Logik gegen Institution und Nachbarschaft.
Sie brachte uns bei, dass man seine Eigenwilligkeit mit Stolz
lebt und das, was man hat, teilt. Mit Entschlossenheit dirigierte
sie Kolonnen von Einkaufswagen durch die Einkaufsparadiese,

abwechselnd unterstützt durch eines der Kinder. Gegenüber technischen Neuerungen war sie aufgeschlossen und brachte von ihren Streifzügen Dinge wie Kartoffelschälmaschinen, Eierkocher und Ähnliches mit, die wiederum von den technisch versierten Kindern in Batikschleudern oder Hamsterfärbemaschinen umgewidmet, der Kunst zugeführt wurden.

Neben dem Platzschaffen war das Zeichnen, das Einfangen der geschaffenen Räume die andere große Leidenschaft meines Vaters. Er hatte immer eine Rolle Architektenpergament oder einen Skizzenblock zur Hand und stellte zur Übung Zahlen- und Buchstabenreihen auf, die er dann sorgfältig wieder ausstrich, fertigte Baupläne an oder skizzierte mit Bleistift das Labor mit acht Kindern und Freunden, das er erschaffen hatte.

Ich hatte mitgeholfen, diesen kunstsinnigen Platz zu bauen. Ich verbrachte meine Zeit nach der Schule auf der Baustelle. Beim Hausbau werden die Türen und Schwellen erst spät eingebaut. Das eröffnete mir die exotische Klangwelt der Baustelle. Die raue Energie der zielgerichteten Arbeit. Die treibenden Rhythmen der Maschinen. Von der Grundsteinlegung bis zum Richtfest weiß ich, wie ein Haus gebaut – *komponiert* – wird. Hier sind die Materialien, die mich bis heute in meiner Musik bewegen und verführen. Erde, Kiesel, Sand, Ziegel, Holz, Glas, Feuer und Wasser sind meine Instrumente. Mit ihnen zu arbeiten, das habe ich auf der Baustelle gelernt.

Als dann in dem neuen Haus die Schwellen und Türen eingebaut wurden, war ich längst über die nichtvorhandene Schwelle getreten, und ich schwimme noch immer auf den Frequenzen des Klangs.

Nach einer kurzen Bleistiftanspitzer-Auszeit: weiter im Text.

Mein Vater baute weiter an der neuen Stadt. Acht Mehrfamilienhäuser im sozialen Wohnungsbau wurden errichtet, ein Laden und ein Kiosk im holländischen Stil und die Zweigstelle der Sparkasse prägten das Stadtbild der Nachbarschaft. Der Künstler Karl-Otto dokumentierte die Wochenendausflüge und Ferien der nun vollständigen Familie auf Super 8-Filmen.

Die nächste architektonische Anstrengung begann mit dem Neubau eines weiteren eigenen Hauses mit Zimmern für alle acht Kinder und großzügigem Wohnraum am Rande eines Neubaugebiets mit zwanzig Einfamilienhäusern, die alle das Architekturbüro und jetzt auch die Baufirma Richter errichtet hatte.

Die erste Ölkrise 1973 brachte autofreie Sonntage, die Konjunktur brach ein, die Bauwelt stand still. Durch den Baustopp und schlechtes Management brach Richterbau zusammen und meldete Konkurs an. Alle Häuser und das Büro, Architekt und Dipl. Ing. Richter, waren verloren. Mein Vater ließ sich durch den Rückschlag nicht beirren und begann ein Kunststudium der Malerei an der Ruhr-Universität Bochum.

Endlich Zeit für die Kunst. Viele der rauen Aktzeichnungen, die während seiner Studienzeit entstanden, hüte ich wie einen Schatz.

Vor der Geburt meiner Tochter Amanda, die Opas malerisches Talent geerbt hat, verstarb Vater viel zu früh mit 63 Jahren. Seine Liebe zu den Menschen und seine künstlerische Intelligenz hat er uns hinterlassen.

Zoë Beck

Sink or Swim

Genau kann ich nicht sagen, ob mein Vater seinen Traumberuf hatte, denn was hatten Träume schon mit der Realität zu tun, Arbeit hieß Sicherheit und Erfolg und Geld und kurz vor der Rente noch die Urkunde mit der 40-jährigen Betriebszugehörigkeit entgegenzunehmen. Er konnte unglaublich gut zeichnen und malen, wie schon sein Vater, aber künstlerisches Talent – wertlos, brotlos, überflüssig. Um nicht zu sagen: lästig.

Tägliche Routinen veränderten sich über die Jahre und Jahrzehnte kaum, selbst wenn er den Standort wechselte. Ich glaube wirklich, dass er das auf seine Weise gern gemacht hat, vor allem auch, weil es für ihn ein deutlicher Schritt nach vorn war, verglichen mit seinen Eltern, denen das Dorfgasthaus gehörte. Er hatte sich eine Arbeit gewünscht, bei der es geregelte Arbeitszeiten gab. Wochenenden. Feiertage und Urlaubstage. Zeit für Hobbys, Zeit zu Hause. Alles, was es in der Gastronomie so nicht gab. Seine Arbeit bedeutete ein kontinuierlich wachsendes Einkommen, regelmäßige Beförderungen, Weiterbildungen, Seminare, Dienstreisen. Klare Strukturen und Hierarchien. Kranken- und Rentenversicherung. Es war der Traum der Nachkriegsjahre, das gelebte Wirtschaftswunder. Er konnte ohne Abitur als Quereinsteiger Karriere machen, vom *blue collar job* seines Vaters zum *white collar job* am Schreibtisch bei der Bank, bei dieser ganz großen, damals höchst angesehenen Bank. Ich glaube auch, dass er sich mit seinem Arbeitgeber identifizierte und stolz darauf war. Bis sich das Bankwesen komplett veränderte und nichts mehr mit dem zu tun hatte, worauf er stolz sein wollte. Er wurde davon krank und ging in Frührente. Heute schämt er sich, wenn er den Namen der Bank hört, aber das ist eine andere Geschichte. Damals, als ich ein Kind war, zählte der Stolz auf das, was er erreicht hatte, dieser Schritt nach vorn, der damit verbundene, selbst erarbeitete Wohlstand. Und trotzdem wusste ich, dass ich genau so ein Leben niemals führen wollte.

Möglich, dass die Unzufriedenheit meiner Mutter damit zu tun hatte. Auch sie hatte diesen einen lebenslänglichen Arbeitgeber, nur gab es bei ihr keine Beförderungen, keine Standortwechsel, die eingefahrenen Routinen waren noch tiefer in ihr Leben eingegraben als bei meinem Vater, und doch stand es außer Frage, sich auf eine andere Position zu bewerben oder gar die Firma zu wechseln. Warum? Ich vermute: Angst vor Veränderungen. Oder falsche Loyalität. Ich sehe die gusseisernen Ziertafeln noch vor mir, auf denen die langen Jahre, die sie dort Mitarbeiterin war, prangten. Sie hingen im Flur, überhaupt hing eine ganze Menge gusseiserner Kram dieser Firma im Flur, und überall fanden sich weitere Firmengeschenke mit entsprechendem Aufdruck, ich habe heute noch fehlgeleitete Heimatgefühle, wenn ich den Namen irgendwo lese. Meine Mutter rechnete minutengenau ihre Arbeitszeit ab und lebte ihren Groll auf Vorgesetze aus, indem sie heimlich Fotokopien meiner Klaviernoten auf Firmenkosten machte oder ab und zu mal einen Schreibblock mitgehen ließ. Woher die Unzufriedenheit kam, woher der Groll? Weil sie lebenslang unter ihren Möglichkeiten blieb und keinen Ausweg fand. Weil sie sich lebenslang einredete, dass es so zu sein hatte, weil es bei Frauen nun mal so war. Sie machte vage Pläne für die Zeit als Rentnerin. Sie starb, bevor es dazu kam.

Es hatte damit angefangen, dass ihre Mutter trotz der eindringlichen Bitten des Volksschullehrers ihr verboten hatte, eine weiterführende Schule zu besuchen. Es hatte sich fortgesetzt mit einer Position, die keine Möglichkeit bot, Karriere zu machen, dafür aber alle Sicherheiten eines Angestelltendaseins und ein ordentliches Gehalt. Ihre Angst vor Veränderung wuchs von Jahr zu Jahr, weil sich das Schönreden dessen, was war und was sich – für eine Frau – so gehörte, mit den inneren Sehnsüchten und dem Wissen, zu so viel mehr fähig zu sein, auf eklatanteste Weise biss. Und so entstand einerseits der Wunsch, ihre Töchter würden es im Leben einmal zu etwas bringen und es besser haben als sie, gleichzeitig aber steckte sie voller Neid, Missgunst und Minderwertigkeitskomplexen denen gegenüber, die Abitur oder einen Hochschulabschluss hatten. Dieser Widerspruch ließ sich nicht auflösen und entlud sich in Vorwürfen, wir würden sie nicht respektieren, bei gleichzeitigem Hoffen, aus uns würden mindestens Ärztinnen oder Juristinnen oder Lehrerinnen werden, also irgendetwas, von dem man den Nachbarn mit Stolz berichten konnte. Sie wollte, dass wir die Welt sahen, und sie wollte zugleich, dass wir einen jungen Mann aus dem Dorf heirateten und am besten nie wegzogen. Wir sollten ein Leben haben, das sie nie haben durfte. Und wir sollten genauso leben wie sie, damit sie weiterhin glauben konnte, mit ihrem Leben sei alles in Ordnung.

Die Mutter meiner Mutter verbinde ich nicht mit einem Beruf. Mir ist bis heute nicht so ganz klar, was sie eigentlich tat, sie wuchs in einem bäuerlichen Umfeld auf, sprach oft von geleisteter Stall- und Feldarbeit und werkelte täglich Kopftuch und Kittelschürze tragend im Garten, bis ins hohe Alter. Mein in den 1950ern verstorbener Großvater war ebenfalls Landwirt, aber über ihn wurde nicht gesprochen. Die wenigen Fotos, die es von ihm gab, waren nachträglich retuschiert worden, um standhaft behaupten zu können: „Euer Opa hat im Krieg auch nur das getan, was alle tun mussten." Heute weiß ich es besser, nachdem ich ein Originalfoto fand.

So vollzog sich der Schritt meiner sieben Jahre älteren Schwester ins akademische Leben eher zaghaft und wackelig. Die Eltern überredeten sie zu einer Lehre („Dann hast du was Sicheres, falls du das Studium nicht schaffst"), zu der sie eigentlich nach der 10. Klasse schon geraten hatten („Dann hast du was Sicheres, falls du das Abi nicht schaffst"). Auch bei mir wurde überlegt, ob ein Studium eine gute Idee sei, trotz 1er-Abitur, aber bei mir hatte man vor allem alle Hände voll damit zu tun, mir den Weg in die Musik auszureden („Kind, du musst doch was Anständiges ..."), und nachdem dies unter Androhung von Gewalt und Strafe geschafft war, mich vor weiteren irren Ideen zu bewahren. Doch irgendwie gelang es letzten Endes nicht, ich strauchelte natürlich und landete vollends im Elend des freiberuflichen Kreativschaffens („Was haben wir nur falsch gemacht, du hattest alle Möglichkeiten"). Warum dieses Abbremsen, dieses mangelnde Zutrauen? Warum nicht der Wille, den Kindern das zu ermöglichen, was sie sich tief im Innersten wünschten? Ich habe auf diese Fragen keine echte Antwort bekommen, nur Hinweise auf Ängste und Unsicherheiten, auf falsch verstandenen Pragmatismus und ein fatales Von-sich-auf-die-Kinder-schließen, einen begrenzten Horizont, was berufliche Möglichkeiten betraf, und dazu auf ein verheerendes, ungesundes Frauenbild.

Es gab für mich viele neue Schritte weg von dem, was meine Eltern erreicht hatten oder was sie ausmachte. Weg vom Angestelltendasein. Weg von der bürgerlichen, mehrfach lebensversicherten und bausparvertragten Existenz, weg von der Vorstellung, wie Frauen zu sein haben, weg von der heteronormativen Eheanbahnung mit einskommairgendwas Kindern. Ich lebe nichts von dem, was für mich vorgesehen und gewünscht war. Und während meine Eltern gemessen an ihren Eltern einen gesicherten und abgesegneten Schritt nach vorn – oder nach oben – gehen konnten, begleitet von Stolz und Zustimmung und Unterstützung, bin ich gesprungen, in ganz kaltes, unsicheres und unstetes Wasser, und nein, sie hatten keinen Rettungsring für alle Fälle in der Hand, sie drehten sich um und verschränkten die Arme und prophezeiten mindestens Not und Elend, „Was haben wir nur falsch gemacht, eines Tages wirst du es noch vor dir finden, aber glaub bloß nicht, dass wir dir dann …".

Vielleicht schwimmt man sich nur so wirklich frei, wenn man weiß, dass man nicht mehr zurückkann.

Beate Tröger

Nachts an der Nähmaschine

Es war ein Tag im Juni, der Tag vor meinem 18. Geburtstag.
Und es war spät. Als Oberstufenschülerin nahm ich mir schon
lange das Recht, so lange wach zu bleiben, wie ich wollte. Und
ging doch vor Mitternacht schlafen. Ich las, wie immer vor dem
Schlafen. Es war still, aber immer wieder hörte ich ein lautes
Schnurren die Stille durchbrechen im riesigen alten Haus meiner
Kindheit. Es kam von einer der beiden Nähmaschinen, die im
zweiten Stock dieses Hauses auf einer Art Galerie standen. Man
gelangte aus dem ersten Stock über eine breite Holztreppe hinauf und damit ins heimliche Zentrum des Reichs meiner Mutter,
deren Reich im Grunde genommen das ganze Haus samt Garten war, aber dort, auf der Galerie, dem sogenannten Vorplatz,
von dem aus man durch eine Tür auf den zweigeschossigen,
seinerzeit paradiesisch verrumpelten Dachboden mit ausgemus-
terten Familienhabseligkeiten aus vier Generationen gelangte,
herrschte sie uneingeschränkt, während im übrigen Haus eher
das Prinzip „divide et impera" galt.
Von oben, wo es regelmäßig an Abenden schnurrte und summte,
oft auch tagsüber, und manchmal in die Stille des Hauses hinein
zischte, wenn sie ein Stück, an dem sie gerade genäht hatte, mit
dem Dampfbügeleisen glättete, hatte sie alles im Ohr, hörte sie
alles: Wenn die Haustüre ging, wenn jemand die Treppe herauf-
kam oder wieder hinunterging. Und wir hörten sie, die da thronte
wie ein Adler in seinem Horst, wenn sie nähte auf einer ihrer

beiden Maschinen, eine davon eine schwere graugrüne schwedische Husqvarna, die schon mehrere Jahrzehnte auf dem Buckel hatte, aber bereits elektrisch betrieben war, und eine zweite, eine Overlock-Maschine, mit der sie den zu nähenden Kleidungsstücken professionelle Industrienähte verpassen konnte, die war ihr Stolz. Die unverwüstliche Husqvarna durften auch meine Schwester und ich benutzen. Von der Overlock-Maschine, auch „Höllenmaschine" genannt, die mit vier Garnspulen zu bestücken aufwändiger in der Bedienung war, hatten wir ausdrücklich die Finger zu lassen, was unsere Mutter, eine ansonsten nicht sonderlich strenge Frau, uns von Anfang an nachdrücklich eingeschärft hatte: „Da geht ihr mir nicht ran!"

In der Nacht vor meinem 18. Geburtstag schnurrte es also leise in die Stille hinein, und ich wusste, was dieses Schnurren bedeutete: Meine Mutter nähte mir ein Kleid, eines aus bordeauxrotem weichfallendem, dezent schillerndem Stoff, den ich mir selbst hatte aussuchen dürfen. Auch den Schnitt hatte ich mir aussuchen dürfen: An den oberen Teil im Stil eines Trägerhemdes war ein weiter längerer Rock angesetzt, die Taille war also leicht nach unten versetzt wie bei einem Reformkleid aus den 1920er Jahren. Ich stellte mir dieses Kleid, das im Werden war, sehr schön vor. Und schlief schließlich über dem schnurrenden Geräusch ein. Als ich am nächsten Morgen aufwachte und in die Küche kam, gratulierte meine Mutter mir zum 18. Geburtstag. Es war ein sonniger Tag, der Frühstückstisch war schon gedeckt, Kaffee, Blumen, ein Tischtuch. Und hinter dem Tisch, auf einem Bügel am Küchenschrank hing das Kleid, wunderschön und noch spät nachts zischend von ihr aufgebügelt, zum Anziehen bereit.

Es gibt Fotos, auf denen ich eines von mehreren schwarzen Kleidern trage, die ich mir zu anderen Anlässen hatte wünschen dürfen: Ein langärmeliges und knielanges Winterkleid aus weichem Wollstoff, figurbetont mit Wiener Nähten. Ein wadenlanges schwarzes Kleid aus mehreren Bahnen genäht, in den Stoff war ein Muster geprägt, das Kleid war ärmellos, ich habe es zu mehreren Hochzeiten getragen, obwohl meine Mutter es eigentlich nicht richtig fand, in Schwarz zu Hochzeiten zu gehen. Sie ließ mich gewähren, wie so oft zuvor und danach.

Wohin sind diese Kleider verschwunden? Sie sind nicht mehr in meinem Schrank. Sie müssen verloren gegangen sein, auch das rote. Ich besitze noch einen von ihr genähten grauen Anorak mit Kapuze. Sie hat auch die bodenlangen weißen Vorhänge im Wohnzimmer genäht und je nach Deckenhöhe der Wohnung nach einem Umzug wieder auf die richtige Länge gebracht, hochgenäht oder rausgelassen.

Und da ist auch noch dieses Blusenshirt. Meine Mutter hat es mindestens zehn Jahre vor meinem roten Kleid für sich selbst genäht. Es ist aus einer weichfallenden Faser, in einer Weberei meiner Heimatregion (in Nordostoberfranken gab es bis Ende der 1980er Jahre eine beachtliche Textilindustrie) hergestellt. Aus dem schwarzgrundigen Stoff mit dem Paisleymuster, den sie in einem Werksverkauf erstanden hatte – wie auch den Stoff für meine Wohnzimmervorhänge –, hatte sich meine Mutter nicht nur diese paisleygemusterte Raglan-Schlupfbluse gearbeitet. Es gab auch einen passenden langen Rock dazu, der wahrscheinlich auch verschollen ist, vielleicht aber auch noch in einem der Schränke auf dem Familiendachboden lagert. Die Bluse durfte ich mitnehmen, als ich, bereits Studentin, sie eines Tages dort entdeckte und mich daran erinnerte, wie ich als kleines Mädchen meine Mutter angestaunt hatte, als sie in dem Ensemble aus Bluse und Rock vor mir stand, um mit meinem Vater zum Ball, dem sogenannten Blumenball der oberfränkischen Gartenbauvereinsmitglieder, zu gehen. Meine Mutter in dem von ihr selbst genähten Ensemble sah aus wie eine Prinzessin aus dem Märchenbuch. Und doch war diese Schönheit wirklich.

Das vertraute nächtliche Rattern der Maschine hatte ich womöglich auch gehört, als sie damals das Ensemble nähte. (Sie nähte oft nachts, als meditiere sie.) Neugierig als achtjähriges Mädchen um meine an der Nähmaschine sitzende Mutter herumwischend, hatte ich zuvor schon den Stoff gesehen, hatte ihr zugeschaut, wie sie aus einem Schnittmusterheft den Schnitt mit einem Rädchen auf Papier perforiert hatte, wie sie das Papier ausgeschnitten, es mit Stecknadeln auf den Stoff geheftet, den Stoff für Rock und Bluse zugeschnitten hatte. Tage später stand sie dann da, in diesem Ballkleid. Frisch frisiert, ungeschminkt. (Sie hat, soweit ich weiß, in ihrem Leben einen einzigen Lippenstift besessen, aber kaum benutzt.)

Sie hat auch für das Dorf genäht, für die Nachbarinnen Röcke geändert, die Taillen altersgerecht verbreitert oder krankheitsgemäß wieder enger abgenäht. Sie hat unzählige Vorhänge genäht, Hosen geändert. Manchmal sprach sie von ihrer „Änderungsschneiderei". Dabei ist meine Mutter keine gelernte Schneiderin. Ich weiß bis heute nicht, wo sie all das gelernt hat. Vielleicht konnte sie es durch ihre Mutter, die angeblich auch gut hatte nähen können, wovon ich nie etwas mitbekommen habe.

Aus der Kinderperspektive war es selbstverständlich, dass meine Mutter alles Mögliche einfach konnte. Sie ist auch keine gelernte Grafikerin, obwohl sie uns Kindern die schönsten Illustrationen in alle möglichen Poesiealben zeichnete, Illustrationen, die uns, meine Schwester und mich, in der Schule beliebt machten, weil kleine Mädchen schnell kapieren, dass ein selbst entworfenes, in vielen Farben gezeichnetes Blumenarrangement nach der Natur mehr ist als jedes industriell gefertigte Glitzerbildchen aus dem Schreibwarenladen. Auf dem Familiendachboden lagerten noch lange die Schulhefte meiner Mutter, in denen meine Schwester und ich manchmal lasen, und deren Ränder verziert waren mit Illustrationen, die Frauen mit wippenden Pferdeschwänzen, Tiere, Blumen, kleine Szenen zeigten.

Meine Mutter ist auch keine gelernte Köchin, obwohl sie jahrzehntelang nicht nur die eigene Familie in wechselnden Besetzungen von fünf bis fünfundzwanzig Mitgliedern bekocht und versorgt hat mit Braten, Knödeln, Torten, alles hübsch angerichtet. Als ich während meines Studiums nach ihrem Rezept für Knödel mit Sauerbraten fragte, schickte sie es mir handschriftlich auf Papier und schrieb darunter: „Warum hast Du nicht aufgepasst, als Du noch daheim warst? Jetzt muss ich es aufschreiben und so lange wie das dauert, hätte ich es schon gekocht!"

Sie ist auch keine gelernte Gärtnerin, obwohl sie den riesigen Familiengarten in einer gleichermaßen effizienten wie bezaubernden Form- und Farbvielfalt als Nutz- und Ziergarten bewirtschaftete. Ich hatte ein eigenes Beet mit einem Johannisbeerstrauch, ich säte und erntete mit ihr Salat, Möhren, Kraut und Kräuter.

Sie ist keine ausgebildete Sängerin, obwohl sie mit ihrem schönen Mezzosopran jahrzehntelang eine der Stützen des Kirchenchors war.

Sie schnitzte uns Kindern Flöten aus Weidenzweigen. Sie arrangierte Obst auf Tellern zu phantastischen Ornamenten und zähmte damit unsere Schokoladengier. Sie schnitzte Mäuse aus Radieschen. Sie unterhielt kleine und große Tischgesellschaften, bis alle lachten. Meine Mutter bastelte meiner Schwester und mir aus Karton Anziehpuppen, sie strickte und strickt uns bis heute Socken, und ihre Plätzchen sehen noch immer appetitlicher aus als die meiste Konditorware.

Meine Mutter ist auch keine gelernte Krankenschwester. Sie hat in ihrem Leben drei Kinder großgezogen, und, wenn ich richtig zähle, sechs alte Menschen bis zum Tod gepflegt. Um diese ihre „Kinder" macht sie sich inzwischen nur noch wenig Sorgen, eines der Gräber, in denen die Verstorbenen begraben wurden, ist längst aufgelassen. Sie ist nun selbst alt geworden, nicht pflegebedürftig, aber häufiger müde, langsamer, doch ungeduldig wie eh und je.

So sehr ich sie als Kind bewunderte, wie sie in ihrem schönen Ballkleid vor mir stand, wie sie kochte, sang, zeichnete, bastelte, strickte, so wütend war ich später oft auf meine Mutter, geboren im Januar 1945 als zweite von zwei Töchtern, als Kind einer oberfränkischen Bauerntochter und einem zur Zeit ihrer Geburt in Russland vermissten Soldaten, den es aus Niederbayern als Tagelöhner im Steinbruch ins zutiefst protestantische Nordost-Oberfranken verschlagen hatte. Meine Großmutter hatte gegen den Willen ihres Vaters nicht den reichen Bauernsohn aus dem Nachbardorf geheiratet, sondern den weitgehend Mittelund Heimatlosen. Am Tag der Hochzeit waren ihre Eltern auf dem Kartoffelfeld, sein Vater war nicht dabei. Meine Großmutter war schon hochschwanger mit der älteren Tochter, das war im Herbst 1936. Mit minimalen Mitteln bauten meine Großeltern ein Haus am Rand des Heimatdorfes meiner Großmutter, das Paradies meiner Kindheit. Ein Haus am Waldrand, mit einem Lattenzaun lediglich zur Straße hin, mit einem wunderschönen Zier- und Nutzgarten und einer Obstwiese samt Bienenhäuschen, das Reich meines Großvaters.

Geld war immer knapp in der Familie meiner Mutter. Sie ging nach der Schule in Stellung auf dem Bauernhof meines Urgroßvaters, verdiente dreißig Mark im Monat, bis mein Vater sie heiratete. Da war sie 20, die Mutter meines Vaters lag im Sterben. Es musste alles schnell gehen. Sie hat nie eine Ausbildung gemacht. Das erste Kind, mein Bruder, kam ziemlich exakt neun Monate nach der Hochzeit. Zwei Mädchen folgten.

Mein Vater brachte das Geld nach Hause. Sie waltete drinnen. Phantasievoll, aber in totaler Abhängigkeit. Das war es, was mich wütend machte. Als ich ihr mit 27 stolz berichtete, dass ich mir von meinem selbst verdienten Geld einen Flug nach New York leisten würde, sah ich Tränen. Mein unwirsches „Was hast

du denn?" tat sie ab, sie sagte: „Das hätte ich nicht gekonnt."
Ja, ich war sehr wütend auf sie. Auf ihre Fügsamkeit, auf ihre
Art, mit dem Mangel an Möglichkeiten in ihrer Jugend nur wenig
zu hadern, auf ihre Bereitschaft zum Verzicht, zu ihren Unguns-
ten, zugunsten anderer.

Hätte sie nicht wenigstens unzufrieden sein können? Sein müssen? Sie war es nicht. Sie schaltete und waltete und gestaltete
mit schier unerschöpflicher Kraft. Nur manchmal schaute sie
ein wenig traurig, wenn ich achtlos über ihr Hausfrauendasein
sprach, das mir bei aller Schönheit, die meine Mutter aus einem
Stück Stoff, ein paar Blumen, wenigen Zutaten hervorbringen
konnte, das reinste Schreckbild war, oder wenn sie ihre Unsi-
cherheit in intellektuellen Belangen und meine Hingabe an die
Literatur mit einem leicht aggressiven „Was hab' ich nur für
kluge Töchter" kommentierte.
Lange Zeit habe ich viel Kraft darauf verwendet, nicht zu kochen,
nicht zu nähen, keinen Garten zu bestellen, keine Kinder zu füttern, keine Alten zu versorgen. Ich wollte ein anderes Leben.
Bestimmte Bereiche blieben in meinem Leben und Denken
immer ihr vorbehalten. Ich kann bis heute nicht stricken. Immerhin koche ich, ich zeichne ganz gern, aber längst nicht so gut.
Vieles waren ihre Aufgaben, es war so: unausgesprochen, unhin-
terfragt. Für uns alle zu kochen, den Garten zu gestalten. Daneben
hat sie auch quasi sämtliche Arbeiten für den Handarbeitsunter-
richt für mich verrichtet. Regelmäßig schlich ich mich am Abend
vor der nächsten Handarbeitsstunde mit irgendeinem unfertigen,
unansehnlichen Ding als Resultat einer lustlos verrichteten Auf-

gabe bei ihr an, ich maunzte und jammerte – nicht besonders lang
–, bis sie sagte: „Gib her und geh ins Bett!"

Mal hat sie mit ratternder Maschine versucht, einen Rock zu
retten, in dessen Schnitt auch die schmalsten Mädchen aus meiner Klasse aussahen wie kleine Weinfässer, mal hat sie mit der
Häkelnadel einen runden blauen Topflappen, verziert mit roten
runden Kirschen und Mausezahngirlande, für mich gehäkelt
und noch nicht einmal etwas gesagt, als meine Oma den Lappen
später aus dem Päckchen wickelte, das ich ihr zu Weihnachten
überreicht hatte.

Immer lag nach meinem Handarbeitsgejammer am nächsten
Morgen auf dem Küchentisch schon das *corpus delicti* meiner
Weigerung, gerettet wie im Märchen, und meistens so schön wie
das Kleid, das sie mir später nähte. Fast immer bekam ich eine
Eins für ihre nächtlichen Mühen, bis auf das eine Mal, wo wir
einen blusig sich auslappenden Pullover stricken sollten, der –
meine Mutter wusste nicht, wie man verschränkt zunimmt – am
Bund zahlreiche kleine Löcher aufwies. Die Handarbeitslehrerin,
der ich das Gestrick zeigte, sah mich zornig an und verlangte, das
Gestrickte bis zur fehlerhaften Stelle am Bund wieder aufzutren-
nen. Das aber hätte ich meiner Mutter nicht antun wollen, wie
ich der Handarbeitslehrerin umgekehrt unmöglich hätte erklären können, dass meine Mutter sich für den Pullover eine halbe
Nacht um die Ohren geschlagen hatte. Ich weigerte mich und
bekam eine Vier. Dabei hätte meine Mutter schon allein für ihre
Unterstützung eine Eins verdient gehabt.

Sie hat sich vieles selbst beigebracht, manches davon autodidaktisch, und wenn heute etwas mit ihrem Rechner nicht funktioniert, den zu bedienen sie sich ziemlich gut selbst angeeignet hat, sagt sie: „Weißt du, ich drück' einfach überall drauf, meistens geht es dann doch noch so, wie ich wollte."

Sie hat sich immer zu helfen gewusst, sich nie ganz einschüchtern lassen.

Warum war ich so wütend auf sie? Ich habe lange gebraucht, um zu verstehen, in welchen Abhängigkeiten sie stand, die sie daran hinderten, aus ihren offensichtlichen Talenten mehr Gewinn zu ziehen.

Auf der Rückseite der Bluse des Ensembles, das sie sich für den Ball genäht hatte, ist am Saum ein Stück anderer Stoff eingesetzt. Der damals vorhandene hat für den Schnitt wohl nicht gereicht. Den Saum der Bluse steckte sie am Ende in den Bund des Rocks. Für die anderen blieb das Improvisierte dadurch unsichtbar.

Wenn ich die Bluse heute trage, lasse ich es die anderen sehen. Der Stoff hat nicht ganz gereicht. Aber schön geworden ist sie doch.

PS:

Ich habe meiner Mutter den Text geschickt.

Es dauerte ein paar Tage, bis wir darüber sprachen.

Sie sagte: „Ach, Beate, du tust ja, als wär' ich Wunder weiß wer."

Sie sagte auch: „Gefreut hab' ich mich schon. Als ich den Text gelesen hab', ist mir manches wieder eingefallen. Und hin und wieder hab' ich mich gefragt, wo die Bluse eigentlich hingekommen ist. Jetzt weiß ich es. Aus dem Pullover hab' ich übrigens Socken gestrickt. Ich hab' die Ärmel aufgetrennt. Die Socken haben aber nicht lang' gehalten. Ein paarmal getragen, waren sie durch. Es war einfach keine Sockenwolle. Der Topflappen ist übrigens später wieder im Haus gelandet. Ich schau' mal, ob ich ihn noch hab'. Willst du ihn, falls ich ihn finde?"

Michael Faber

Ab ins Archiv

Was man nicht alles erinnert. Aber auch: Was man schon wieder vergessen hatte. Der Blick zurück in die Kindheit offenbart nicht immer nur Wohlgefälliges, ist manchmal auch mit Übelkeit behaftet oder mit Schrecken und Angst. Ich erinnere aber etwas, was mir lange nicht mehr bewusst war und nun, wo es greifbarer wird und gegenständlich in meiner Vorstellung, etwas Heiteres und Schönes bekommt.

Es müssen die Jahre 1971/72 gewesen sein, mein Vater war als Cheflektor im Verlagshaus Edition Leipzig tätig, jenem Verlag in der DDR, der mit Staatsauftrag gut verkaufbare Titel für den westeuropäischen Markt herzustellen hatte. Devisenbeschaffung hieß das Zauberwort. Der Verlag hatte innerhalb der Stadt zwei Standorte. Der Hauptsitz war in der Karl-Liebknecht-Straße, dort saß der Verleger, der damals Verlagsdirektor zu heißen hatte, weil der Begriff des Verlegers zu viel Bürgerlichkeit abstrahlte. Und es gab einen Nebenstandort, der befand sich in der Karlstraße im ehemaligen Graphischen Viertel, wo unweit die ganz Großen der Branche bis zur deutschen Teilung ihre Domizile hatten: Brockhaus, Reclam, Spamer. Aber auch der Verlag von Kurt Wolff hatte hier gut 50 Jahre früher seine Büros. Die Verheerungen der beiden Bombenangriffe auf Leipzig 1943 und 1944, die mit dem Graphischen Viertel den ideologischen Kopf des Hitler-Reichs treffen wollten, waren noch immer sichtbar. Notdürftig gesicherte Ruinen, Halbhäuser ohne Zwillingsbauten,

Notdächer auf ehemals noblen Gründerbauhäusern. Zerborstener Stuck, ruinöse Hinterhöfe. Was vormals Kutscherhaus hieß oder ein Sommerteehaus war, mutierte jetzt zu einem Kohlenschuppen, zu einer Hinterhofgarage oder eben, und davon will ich erzählen, zu einem Verlagsarchiv.

Der zehnjährige Sohn des Cheflektors und späteren Verlegers der Edition Leipzig, der natürlich noch gar keine Ahnung hatte, was die Buchproduktion betraf, und nur sehr wenig über die herstellerischen Belange wissen konnte, schon gar nichts über das nicht ganz unkomplizierte Prozedere einer Manuskriptherstellung, war allseits gemocht, wegen seiner freundlichen Ausstrahlung, nehme ich einmal an. Und weil er den dort arbeitenden Damen und Herren gut zur Hand ging. So waren jeweils zwei Wochen in den Sommer- wie in den Winterferien reserviert für einen Aufenthalt am Nebenstandort, wo der Cheflektor mit seinen Lektoren saß, ebenso die Hersteller und die Werbeabteilung. Hier wurde unentwegt Papier produziert. Die Lektoren vervielfältigten Manuskripte, kollationierten Autoren- und Verlagskorrekturen, die Bildabteilung vervielfältigte Fotos und ließ Repros herstellen und die Ergebnisse andrucken, die Hersteller und Gestalter klebten Fahnenabzüge zu neuen Umbrüchen zusammen und die Werbeabteilung produzierte die Verkaufsslogans für Bücher, die nur selten im eigenen Lande vertrieben wurden, zumeist aber als Lizenz gleich unter anderem Namen. Für den Insel-Verlag in Frankfurt am Main oder den Verlag Olms in Hildesheim wurden bevorzugt große und prächtige Faksimiledrucke hergestellt. Aber auch für Bucher in Luzern und andere Verlage Kulturgeschichten, aufwändig gestaltete Bände zu allerlei Themen: „Das große Halali. Eine Geschichte der Jagd", „Die Frau in der Renaissance", später ergänzt um „Die Frau im Barock". „Von Reiselust und Reiseleid" wurde geschrieben, vom Grand Empire, dazu Porzellanmusterbücher und allerlei anderes mehr.

Und wenn ich kam, hieß es: Der Junge vom Chef soll mal in unsere Zimmer kommen. Es ist allerlei zu entsorgen und zu archivieren. Er soll sich von der Post die Hartplastekisten geben lassen. Und dann begann ein Getrappel im 3. Stock, Gründerzeitbau, breite Treppenhäuser, ehemalige architektonische Eleganz mit Gesims-figuren und bemalten Stiegen, freilich recht, wie sagt man, unter die Räder gekommen: Absplitterndes Holz an den Geländern, lepröser Putz, fragmentarischer Bilderschmuck, durch Nässe aufgeblähte Sockelfarben. Dass dies Verfall heißt, weiß aber das Kind noch nicht; ihm entstehen daraus ganz bunte Gespinste, Fabeltiere, Fata Morganen, treppauf treppab der leichte Gang mit schweren Kisten und kühnem Bildvorrat, mit kessen Texten für den Westen. Ab ins Archiv damit, hieß es immer wieder. Und so strich ich von Tür zu Tür: Gibt es etwas zu entsorgen? Kann ich etwas ins Archiv expedieren? Haben die Damen und Herren noch genügend Platz für Neues? Nicht selten strich der eine oder die andere mir über den Scheitel. Der kleine Faber, ist doch ein prächtiger Kerl. Mein Gott, wurde mir wohl ums Herz. Hier galt ich plötzlich was, was in der Schule nur selten zu erwarten war. Der kleine Faber, der jüngste Sohn des späteren Verlegers, hier nahm er die Rolle ein, die in Romanen die Liftboys in den Grand-hotels innehatten. Man kannte nach nur wenigen Tagen die ganze Brüder- und Schwesterschaft der schreibenden und verlegenden

Zunft. Man wusste auch bald, wer von wem und um welche Zeit abgeholt wurde; wer Überstunden schob und nach Einsamkeit roch, wer ein Schnapsrohr im Schrank hatte und wer die heimliche Geliebte des Direktors war. Und wer für die Partei das Geld einsammelte, wer für deutsch-sowjetische Freundschaft warb.

Die schönsten Tage waren die bei den Gestaltern und Herstellern. Sie waren seltsame und schräge Vögel, in Kleider gehüllt oder besser: mit Kleidung drapiert, was mir mein Vater am Abend zu erläutern versuchte. Wie er sich überhaupt tagsüber seltsam unscheinbar mir gegenüber zeigte, umso mehr aber am Abend mir die unterschiedlichen Berufsbilder erläuterte, mir die fertigen Bücher zeigte, von denen ich am Tage zuvor embryonale Torsi ins Archiv geschleppt hatte; Kladden voller seltsamer Bilder und Klischees, ganze Wandtafeln mit Signet- und Einbandentwürfen. Was man da alles erfahren konnte und wie man plötzlich als kleiner Mann Teil des großen Buchvertriebs wurde. Das war doch sehr erhebend. Und ich lobte heimlich meinen Vater dank dieser Situation; er ermöglichte mir den Blick durch das Fenster in eine andere Welt. Da begann ich Bücher zu lieben und sie wie menschliche Wesen zu betrachten, als Vorratsschalen von Träumen und Weltentwürfen, als Zauberaffichen und Kulturdossiers. Eine Versammlung von wundersamen Dingen, die der Zuckerdose in Bild und Schrift die gleiche Wertigkeit gaben wie den Ketzern und Hexen des Mittelalters, die Bürgerhäuser neben die feudalen Paläste stellten, das historische Spielzeug neben die „Natur als Konstrukteur". Eine reale, zum Teil vergangene Welt, die ich noch lange nicht begriff in ihrer Gänze und Vielfalt, neben einer Welt der Erfindungen und der Vorstellung von ihr durch Philosophen und Künstler. Und so beschrieb sich meine noch so jungfräuliche Festplatte mit lauter neuen Daten und Bildern vergangener wie gegenwärtiger Erscheinungen. Eine Wunderkammer, würde man meinen, öffnete ihre Pforten für einen bis dahin recht ungehobelten Bengel.

Vermutlich habe ich dort Blut geleckt, hat sich das Gen der Büchermacherei gebildet, eine Symbiose aus Lust, Neugier, Aberglauben, auch aus Neigung, Staunen und Weltenrausch. Die kleine Enzyklopädie eines Grundschülers wurde geweitet um den sagenhaften Schatz einer viel größeren Welt. Ich hatte diese Wochen meiner partiellen betrieblichen Nützlichkeit als Augenblick einer kulturellen Grundierung beinahe vergessen. Und mit dem Titel eines der großen russischen Satiriker gesprochen, Michail Soschtschenko, waren diese Wochen wohl am Ende „der Schlüssel zum Glück". Reichlich zehn Jahre später begann ich ein Studium der Germanistik, um später als Buch- und Buchhandelshistoriker zu arbeiten und weitere zehn Jahre später selbst einen Verlag zu gründen, der mir noch immer als Ort eines fortgesetzten Glücks erscheint.

Glaube nur, was du gesehen und begriffen hast. Vermutlich wird dies hier mein letzter Satz sein, wenn es ans Sterben geht: Nehmt mir nicht das Leben, es gibt noch so viel zu entdecken. Die Welt, insonderheit die Bücherwelt, hält noch so viele Rätsel und Entdeckungen parat. Ich muss doch jetzt noch nicht gehen.

Verdammt, gerade war ich noch ein zehnjähriger Junge, der Vorstufen von Büchern, Fragmente, Entwürfe und Teilmanuskripte in ein ehemaliges Kutscherhaus, damals Archiv genannt, aus einer 3. Etage in den Hinterhof schleppte, und dort in Regalen behauste, die heute längst aufgelöst sind. Wo ist meine damalige Welt geblieben?

Zumindest doch in meiner Erinnerung. Und davon wollte ich berichten.

Lütfiye Güzel

mit dem rücken zum meer

meine mutter arbeitet zu hause
immer
auch in den ferien
sie hat vier faule kinder
mein vater arbeitet am hochofen
regelmäßig
in den ferien arbeitet er nicht
meine mutter geht in den supermarkt
sie trägt einkaufstüten
& ein kopftuch
die lebensmittel stellt sie
in den kühlschrank
& in den küchenschrank
die kartoffeln
& die zwiebeln kommen
auf den balkon
meine mutter kann mit pflanzen
& blumen nicht viel anfangen
sie pflanzt aber ein bisschen
weil es die
deutsche oma von gegenüber
auch so macht
meine mutter bewundert
die deutsche oma

weil sie zum frisör geht
& feine blusen trägt
wenn meine mutter
in eine boutique geht
dann sagt die verkäuferin:
„wir haben keine sonderangebote!"
ich übersetze das nicht
& schaue auf meine schuhe
meine mutter macht die wäsche
buchstaben & zahlen
kennt sie nicht
sie hat aber tricks
die unterhosen
die hemden
die strümpfe
sie hängt sie auf
mit gelben wäscheklammern
mit blauen wäscheklammern
die wäscheleine ist rot
meine mutter geht in die apotheke
& holt ihre herztabletten ab
ohne worte
das funktioniert
danach ist sie auf dem wochenmarkt
& kauft gemüse
oder
karierte geschirrtücher
oft nimmt sie porree

für die porreesuppe mit
mein vater mag nur fleisch
das ärgert sie
dagegen kann sie nichts tun
meine mutter weint manchmal
besonders bei einer bestimmten
art von musik
das machen viele mütter
oft auch gemeinsam
während sie weinblätter einrollen
oder filme anschauen
die satellitenschüssel
guckt vom dach
die videokassetten
warten in der glasvitrine
filme über töchter
die alles falsch machen
sieht sie sich am liebsten an
diese töchter lachen sehr laut
schminken sich auffällig
haben
falsche rote fingernägel
kauen kaugummi
& steigen
zu den falschen männern ins auto
später werden sie dann
aber gerettet von
den richtigen männern mit ehre

& dann wird im dorf geheiratet
& die töchter machen dann
porreesuppe
& die wäsche
schminken sich weniger
lachen leise
& sind richtig zufrieden
meine mutter macht tee
mein vater trinkt ihn
sie steht um sechs uhr auf
& putzt die treppen
manchmal auch
um unsere beine herum
& hindurch
dann weiß ich
dass sie wütend ist
& zu viel arbeitet
wenn ich ihr helfe
schiebt sie mich
beiseite
das macht mir nichts aus
dann stelle ich den besen
einfach wieder in die ecke
ohne worte
meine mutter bereitet
das frühstück vor
sie ißt im stehen
& füllt nach

räumt ab
wischt hier & da
meine mutter hat keine ruhe
deshalb kann sie auch
keine abgeben
geld hat sie immer
sie bewahrt die scheine auf
im geheimfach ihres portemonnaies
oder unter der matratze
wie die meisten
wir wissen das
aber sagen nichts
mein vater wäre
ohne meine mutter bankrott
das würde er aber nicht zugeben
oft läßt er sich
von seinen brüdern
& neffen & nichten
übers ohr hauen
er weiß das
sagt aber nichts
das tut mir irgendwie weh
meine mutter hat kein bankkonto
& kriegt keine rente
das ist komisch
mein vater hat beides
aber die rente reicht nicht
& deshalb kriegt er noch sozialhilfe

das verstehe ich nicht
wenn ich meinen vater danach frage
zieht er die schultern hoch
& lächelt
das machen viele väter
traurig lächeln
meine mutter strickt
& weigert sich
eine brille zu tragen
sie packt die koffer in duisburg
sie packt die koffer in istanbul
sie kauft zwanzig tafeln
nussknackerschokolade
& zehn flaschen eierschampoo
diese dinge gibt es
auch in istanbul
aber sicher ist sicher
meine mutter spült
mit dem rücken zum meer
mein vater spielt karten im garten
sie bezieht betten
klopft teppiche aus
& bewahrt das gute geschirr auf
für irgendwen
für irgendwann
sie macht joghurt & bringt
mich manchmal in die schule
meine mutter steht einmal

um vier uhr morgens auf

& trägt zeitungen mit mir aus

mein ferienjob dauert nur einen tag

wenn ich aus der schule komme

dann öffnet sie die tür

meine geschwister & ich

haben keinen schlüssel um den hals

meine mutter schimpft

über meine große schwester

& über vater

wenn ich ihr recht gebe

schimpft sie mit mir

meine mutter putzt die fenster

ich halte die leiter

sie hängt die gardine auf

& macht dreimal pause

schüttelt die arme

dann macht sie ein schläfchen

vor dem fernseher

sie kann das aber nur dann

wenn alles um sie herum sauber

& ordentlich ist

& jeder gegenstand an seinem platz steht

meine mutter schnarcht manchmal

vielleicht weil sie müde ist

dann wacht sie irgendwann auf

& macht weiter

meine mutter hat schöne hände

ein schönes gesicht
& vier faule kinder

ein langes gedicht von lütfiye,
10, 11 oder 12 jahre alt

porreesuppe:

porree saubermachen
& in scheiben schneiden
die möhren auch
porree & möhren in heißes öl
geben
dazu reis & wasser
kochen
rühren
tomatenmark & salz
dazugeben

Martin Becker

Zaubertrank

Der Wecker geht um vier Uhr zwanzig. Mein Vater steht stöhnend auf, geht ins Bad, rasiert sich, nimmt schwerfällig die knarzenden Holzstufen nach unten, lässt in der Küche den Kaffee durchlaufen, raucht eine Zigarette, nimmt die am Abend vorher von meiner Mutter vorbereitete Butterbrotdose (immer Aufschnitt und Leberwurst), steckt sie in seine Kunstledertasche mit dem abgewetzten Tragegriff und den abgerissenen Riemchen, setzt sich in den kleinen blauen Opel Kadett und fährt los. Die Schranke öffnet sich, er grüßt den Pförtner, fährt auf den Parkplatz, zieht sich um, betritt die heiße und stickige Gesenkschmiede, nimmt seine schwere Zange, fängt an. Das Rohteil wird auf 1200 Grad erwärmt. Vom glühenden Metall zum fertigen Stück sind es mehrere Arbeitsschritte: Abgraten, vergüten, entzundern. Pleuelstangen für Autos. Zwischendurch Ablöse, fünf Minuten Pause, genau eine Zigarettenlänge vor dem Werkstor. Manchmal der Imbisswagen, da kauft er ein halbes Hähnchen, lässt es sich in einer Aluschale einpacken, bringt es mir als Überraschung mit und rührt es selbst nie an, nicht ein einziges Mal in all den Jahren.

Ich besuche ihn beim Tag der offenen Tür. Mittags dürfen die Familien kommen, auf dem Werksgelände gibt es eine Tombola und abends tritt ein Schlagersänger im Bierzelt auf. Ich sehe meinen Vater, schweißüberströmt wie alle seine Kollegen, spüre die wuchtigen Hammerschläge der schweren Maschinen tief im Bauch, wenn sie das glühende Stück Eisen formen, fühle die Hitze, die man nicht aushalten kann. Mein Vater schmiedet jeden Tag die mobilen Träume der Mittelschicht. Der elegante BMW. Der Ford für die ganze Familie. Bekommt eine Urkunde für zehn, für zwanzig, für dreißig Jahre Betriebszugehörigkeit. Zuletzt sogar eine versilberte Ehrennadel der Firma fürs Anzugrevers, die er sich allerdings nur spaßeshalber mal an sein Unterhemd aus Feinripp pinnt, das er im Hochsommer trägt. Irgendwann sind seine Knie so kaputt, dass er aufhören muss. Er hat wenig vom Rentnerglück, weil er seine Frau – meine Mutter – pflegt, der zehn Tage vor seinem Ruhestand eine Ader im Gehirn platzt. Bald hat er gar nichts mehr davon. Krebs mit 68 Jahren, er stirbt vier Wochen nach der Diagnose. Ausgeschmiedet.

Wecker. Aufstehen. Rasieren. Kaffeemaschine. Auto. Meine frühesten Erinnerungen haben mit der Maloche meines Vaters zu tun. Die Abläufe sind getaktet, auf jede Störung reagiert er wütend. Mal sitze ich schon die halbe Nacht aufgeregt im Bett und will, dass er mir noch vor der Arbeit zum Geburtstag gratuliert. Aber er schnauzt mich nur an, schlaf weiter, verdammt nochmal, bist du bekloppt, und geht. Mal muss ich ausgerechnet dann pinkeln, als er ins Bad will, er rüttelt genervt an der Tür, als hätte sich die Welt gegen ihn verschworen. Die Beeinträchtigung seines Morgenrituals scheint der größtmögliche Verstoß gegen die Regeln zu sein. Schlimmer noch als ihn abends vor dem Fernseher zu stören. Damals schon, vielleicht bin ich fünf, vielleicht bin ich sechs Jahre alt, habe ich neben Angst und Respekt vor allem Verständnis: Er kann nicht mehr. Er kann einfach nicht mehr. Das denke ich wirklich, obwohl ich keine Ahnung habe von der Härte der Arbeit, obwohl er ja offenkundig sehr wohl noch kann. Aber ich merke, was das überhaupt heißt: so zu sein. So sein zu müssen.

Manchmal jammert und stöhnt er im Schlaf. Er macht sich tagsüber darüber lustig, was hab ich wieder für einen Scheiß geträumt, denn im Schlaf ist wieder und wieder Fliegeralarm. Aber auch durch seine Witze kriegt er die Träume nicht los. Mein Vater wird 1940 im Ruhrpott geboren, hockt als kleiner Junge im Bochumer Hochbunker, kommt wieder raus und sieht Leichenteile aus Trümmern ragen und seine Straße brennen. Die Gebäude der Nachbarn links und rechts sind eingestürzt, nur das Haus mit der elterlichen Bergmannswohnung übersteht die Bombenangriffe aus der Luft. Danken wir der Heiligen Barbara, Schutzpatronin der Bergleute. Da war die Alte ausnahmsweise mal auf Zack, erzählt mein Vater mir, als er wie jeden Samstagabend in der Küche sitzt und raucht und sein Elixier trinkt. Eine ganze Flasche Schnaps, um die vergangene Woche zu verdauen und die nächste zu überstehen. Seine Geschichten wiederholen sich und verlieren doch nie an Wucht. In den Nachkriegstagen stirbt sein Bruder an bleiverseuchtem Wasser aus einem Bombenkrater, die Eltern versuchen verzweifelt, ihn mit Milch zu retten. Mit 14 ist Feierabend in der Schule („Wir waren nicht solche faulen Hunde wie Ihr heute!"). Er macht eine Ausbildung zum Bergmann, wie sein Vater, Opa, Uropa, arbeitet zehn Jahre lang im Streckenvortrieb, dann knallt Geröll von der Decke herunter und zerdeppert ihm das Bein, dann machen die ersten Zechen dicht, dann hört er von der ordentlich bezahlten Arbeit in den sauerländischen Industrieschmieden, von der Nacht unter Tage in die Nacht in der Fabrik und so weiter.

Wenn mein Vater frühmorgens fort ist, krieche ich zu meiner Mutter ins Bett (lange sogar, auch in der Pubertät noch) und schmiege mich an sie. Manchmal wacht sie vom startenden Motor unseres Autos auf und nimmt verschlafen einen kräftigen Schluck aus dem Glas vom Nachttischchen. Ihr Notfalltrunk. Es ist Cola. Ich kenne niemanden sonst, der von morgens bis abends ausschließlich Cola trinkt, mittags manchmal verdünnt mit einem Schluck Wasser. Meine Mutter ist gelernte Schneiderin, sie ist ein paar Jahre nach dem Krieg geboren und geht wie mein Vater nicht lang zur Schule. Nach ihrer Lehre arbeitet sie eine Zeit lang als Näherin in der Fabrik, danach am Fließband, Konservendosen abfüllen. Später kommen die Kinder, da macht sie nur noch Gelegenheitsjobs. Als Regalpflegerin in der Hartwarenabteilung vom Kaufhaus, als Putzfrau in der neuen Zahnarztpraxis in der Parallelstraße, als Aushilfe in der Wäscherei, wo irgendwann auffällt, dass die Abrechnungen nicht stimmen, dass Tag für Tag ein bisschen Geld fehlt. Die Chefin stellt sie zur Rede, es fließen Tränen (bei Mutter und Chefin), meine Mutter darf bleiben, und von da an stimmen die Abrechnungen. Irgendwann nimmt sie sogar den Führerschein in Angriff, da ist schon die Rente meines Vaters in Sicht, und nach ihrer ersten Autobahntour mit dem Fahrlehrer kommt sie nach Hause und zieht sich routinemäßig ihren geblümten Küchenkittel über (ich kenne sie nicht anders), hockt sich an den Küchentisch unter dem Wellensittichkäfig und wechselt ein paar Worte mit meinem Vater. Bei der Auffahrt hatte ich Schiss, dass ich nicht schnell genug bin, und dann, sagt sie, und dann, und dann, und mein Vater fragt noch: Was, und dann was, aber sie kann schon nicht mehr sprechen, fasst sich mit den Fingern an die Schläfe und kippt ungebremst und tief bewusstlos vom Stuhl, die Cola, das Übergewicht, die Zigaretten, dazu erbliche Disposition, das macht kein Gehirn der Welt auf Dauer mit. Meine Eltern sind beide schon lange woanders. Nebeneinander im Grab, wo mittlerweile auch meine Schwester liegt. Sie haben nicht gearbeitet, um zu leben. Sie haben gearbeitet, um noch mehr zu arbeiten – und immerfort davon zu sprechen, wie sie irgendwann, warte nur, irgendwann das große Los ziehen. Ihre Träume in Dauerschleife, ihr ewiges „und dann". Und dann ist das Reihenhaus endlich abbezahlt und dann kommt die Ferienwohnung an der Nordsee. Und dann ist auch der Kurze aus dem Haus (das bin ich), und dann machen sie ihre Weinfahrt nach Boppard am Rhein, wovon sie seit Jahrzehnten träumen. Ja, und dann fängt das Leben so richtig an.

Der Wecker ging um vier Uhr zwanzig. Mein Vater hatte zum Überleben seinen Schnaps. Meine Mutter hatte ihre Cola. Und ich? Bin überzeugt davon, dass ich – bevor die bewussten Erinnerungen einsetzen – in den kleinstädtischen Zaubertrank gefallen bin wie einst Obelix in seinem gallischen Dorf. Vielleicht war ich deshalb (und nicht nur wegen der fettigen und zuckrigen Ernährung) ein sehr dickliches Kind, aber das ist nicht der Punkt. Während Obelix von Anfang an über Superkräfte verfügt, verfüge ich über eine Fähigkeit, die mir erst mit dem Abstand vieler Jahre so magisch wie unselig erscheint: Ich bin ein allwissender Erzähler. Immer schon. Ich habe von Anfang an gewusst, wie sehr dieses Malochervehikel auf Verschleiß fährt. Habe Katastrophen kommen sehen, bevor sie überhaupt am Horizont dräuten. Habe die Ohren gespitzt, wenn meine stets überängstliche Mutter von ihren Nachkriegstraumata berichtete und Andeutungen machte, von groben Schaustellern, die mit Süßigkeiten in der Hand vor ihrer offenen Lkw-Tür warteten. Ich habe gelitten, wenn mein Vater schlecht gelaunt und frisch geduscht nach Hause gehumpelt kam und sein Rücken ihn mal wieder über die Schicht hinaus quälte, weil er den ganzen Tag mit der schweren Zange in der Scheißhitze hatte stehen müssen. Dass es keine Erlösung gibt, dass die Lottozahlen es niemals gut mit uns meinen (nicht mittwochs und erst recht nicht samstags, nein, auch nicht mit den Glücksziffern, die schon Opa Jupp getippt hatte), dass Abschiede schmerzhaft an den Eingeweiden zerren wie Hammerschläge in der Gluthitze der Schmiede – das alles lag für mich auf der Hand, unabwendbar und in all seiner nüchternen und grausamen Folgerichtigkeit, schon als ganz kleiner Junge.

Mein eigener Sohn ist jetzt so alt wie ich damals, als mir die Rituale und Routinen meiner Arbeiterfamilie in Fleisch und Blut übergingen. Diese Mischung aus Schnäpsen, Geschichten und verzagten Kleinstadtträumen an langen Abenden in der Küche. So schwer verdaulich, dass ich noch heute verkatert bin, wenn ich meine Eltern auf dem Friedhof besuche. Mein Sohn soll es nicht besser haben (denn schlecht hatte ich es wahrlich nicht), aber anders. Der Zaubertrank, den ich für ihn braue, wird ihn beflügeln, und wenn sein Wecker mal um vier Uhr zwanzig geht, dann nur, weil er auf eine abenteuerliche Reise geht, frei von Angst und Bange, beschwingt und fröhlich und mit der Gewissheit, dass sein Leben genau jetzt so richtig anfängt.

Henning Ahrens, geb. 1964, wuchs als Sohn eines Landwirts in einem niedersächsischen Dorf auf. Nach einem Studium der Anglistik, Mittleren und Neueren Geschichte, Kunstgeschichte und anschließender Promotion begann er, als Autor und Übersetzer tätig zu werden. Heute lebt er in Frankfurt am Main. Zuletzt erschien sein Roman *Mitgift*.

Doris Akrap, geboren 1974 als jugoslawische Staatsbürgerin, wuchs im südhessischen Flörsheim am Main auf. Sie studierte südosteuropäische Geschichte, Religions- und Kulturwissenschaften in Berlin. Ihren ersten Job als Redakteurin hatte sie bei Axel Springer, später ging sie zur *Jungle World*. Seit 2008 wirkt sie bei der *taz*, aktuell leitet sie mit Carolina Schwarz das Gesellschafts- und Medienressort *tazzwei*. Sie moderiert regelmäßig Literaturveranstaltungen und war Mitinitiatorin der antirassistischen Leseshow „Hate Poetry" sowie der Aktion „Free-Deniz" während der einjährigen Haft des Journalisten Deniz Yücel in der Türkei.

Zoë Beck, geboren 1975, schreibt, übersetzt und leitet zusammen mit Jan Karsten CulturBooks Verlag. Studium der englischen und deutschen Literatur in Gießen, Bonn und Durham. Creative Producerin für internationale Fernsehfilmproduktionen, Redaktion für Synchronproduktionen, bis heute als Dialogbuchautorin und Synchronregisseurin tätig. Seit 2004 freiberufliche Schriftstellerin und literarische Übersetzerin. Sie lebt und arbeitet in Berlin. Zoë Beck zählt zu den wichtigsten deutschen Krimiautor:innen und wurde mit zahlreichen Preisen, unter anderem mit dem Friedrich-Glauser-Preis und dem Deutschen Krimipreis, ausgezeichnet.

Martin Becker, geboren 1982 in der sauerländischen Kleinstadt Plettenberg in einer Arbeiterfamilie. Macht leidenschaftlich gern Radio und ist dafür in vielen Ländern unterwegs. Zu hören ist er als Kolumnist, Reporter und Literaturkritiker unter anderem im Deutschlandfunk und Westdeutschen Rundfunk. 2007 erschien sein mehrfach ausgezeichneter Erzählband *Ein schönes Leben*, 2014 sein Roman *Der Rest der Nacht*, 2017 *Marschmusik,* 2019 sein Essayband *Warten auf Kafka*, eine Hommage an die tschechische Literatur. Sein Roman *Kleinstadtfarben* erschien 2021. Er lebt mit seiner Familie in Köln und Halle/Saale.

Nadire Biskin, geboren 1987 in Berlin-Wedding. Studierte Philosophie und Spanisch an der Humboldt-Universität zu Berlin. Sie schreibt für verschiedene journalistische Medien und literarische Magazine. Ihr Debütroman *Ein Spiegel für mein Gegenüber* ist 2022 erschienen.

Kaśka Bryla ist zwischen Wien und Warschau aufgewachsen. Sie studierte Volkswirtschaft in Wien, Szenisches Schreiben an der UdK in Berlin und Literarisches Schreiben in Leipzig, wo sie 2015 das Autor:innennetzwerk und die Literaturzeitschrift *PS – Politisch Schreiben* mitbegründete, in deren Redaktion sie bis heute ist. Eben solange gibt sie Kurse zu Kreativem Schreiben, unter anderem in Gefängnissen, für geflüchtete Frauen und Menschen mit Migrationserfahrung. 2020 erschien ihr Debütroman *Roter Affe* im Residenz Verlag, 2022 der zweite Roman *Die Eistaucher.* Zuletzt erhielt sie das Wiener Literaturstipendium 2022.

FM Einheit (bürgerl. Franz-Martin Strauß), geboren 1958 in Dortmund, ist Musiker, Performer und Komponist. Von 1980 bis 1996 war er Mitglied der Einstürzenden Neubauten. In unzähligen Konzerten rund um die Welt erschüttern sie die Grundfesten der Musik. Instrumente aus Stahl und verbrannte Bühnen zeugen von dieser Zeit. Seit jeher sucht FM Einheit den Dialog mit anderen Künstlern (Rio Reiser,

Marianne Rosenberg, Diamanda Galas etc.). Seit Ende der achtziger Jahre arbeitet er verstärkt als Theater- und Hörspielkomponist. Zweimal wurde ihm der Hörspielpreis der Kriegsblinden verliehen.

Michael Faber, geboren 1961 in Leipzig. Studium der Germanistik, danach wissenschaftliche Arbeit als Lektor für Buch- und Verlagsgeschichte. 1990 Mitgründer des Verlags Faber & Faber und 2005 Gründung der Agentur Amundsen als Mediendienstleister; Verleger bis 2009. Danach Bürgermeister für Kultur in Leipzig bis Juni 2016. Zahlreiche Herausgaben und Nachworte sowie Beratungstätigkeiten. 2018 Fortsetzung der Verlagstätigkeit als geschäftsführender Mehrheitsgesellschafter der Faber & Faber Verlag GmbH.

Bettina Fischer wurde 1967 in Hamburg geboren und lebt in Köln, wo sie seit 2000 Geschäftsführerin des Literaturhauses Köln ist. Seit 2012 hat sie auch die Verantwortung für die Programmgestaltung inne. Neben weiteren Engagements setzt sie sich als Vorsitzende des Vereins Literaturszene Köln für die Akteur:innen in Köln ein sowie im Vorstand des KulturNetzKöln für die spartenübergreifenden Themen der freien Szene. Sie hat in verschiedenen Jurys mitgewirkt, 2021 als Teil der Jury des Deutschen Buchpreises.

Joachim Geil wurde 1970 in der Pfalz geboren und studierte in Köln, wo er als Schriftsteller und Lektor arbeitet. Er schrieb Erzählungen, Essays sowie die drei Romane der Trilogie von Vergeblichkeit und Vergebung: *Heimaturlaub* (2010), *Tischlers Auftritt* (2012) und *Ruhe auf der Flucht* (2016), erschienen bei Steidl. Er erhielt verschiedene Stipendien und Auszeichnungen, u.a. von der Kunststiftung NRW, 2013 den Pfalzpreis für Literatur, 2018 das Dieter-Wellershoff-Stipendium der Stadt Köln.

Lütfiye Güzel, 1972 in Duisburg geboren und zwischen Ruhrgebiet und Berlin unterwegs, ist Dichterin und bringt seit 2014 Gedichte unter ihrem eigenen Label go-güzel-publishing heraus. 2017 wurde Lütfiye Güzel mit dem Literaturpreis Ruhr ausgezeichnet. 2022 erschienen ihre Bücher *L-ABLA* und *winterwütendwinter.*

Martina Hefter lebt als Autorin und Performerin in Leipzig. Ihre Texte bewegen sich zwischen Gedicht, Essay und szenischen Schreibformen. Viele davon setzt sie selbst und in Zusammenarbeit mit anderen Künstler:innen szenisch um. Außerdem unterrichtet sie von Zeit zu Zeit, u.a. am Deutschen Literaturinstitut Leipzig und an der Kunsthochschule Halle Burg Giebichenstein. 2022 hielt sie die Poetikdozentur an der Universität Hildesheim. Sie veröffentlichte zuletzt *In die Wälder gehen, Holz für ein Bett klauen* bei kookbooks.

Ozan Zakariya Keskinkılıç ist Politikwissenschaftler, freier Autor und Lyriker. Er studierte in Wien und Berlin und lehrt und forscht an Berliner Hochschulen. 2021 erschien sein Buch *Muslimaniac. Die Karriere eines Feindbildes* in der Edition Körber. Neben wissenschaftlichen Texten schreibt er Essays, Prosa, Hörstücke und Lyrik. Seine Gedichte werden in Literaturzeitschriften und Anthologien veröffentlicht. Im Herbst 2022 erschien sein Lyrikdebüt *prinzenbad* im ELIF Verlag.

Arnold Maxwill, geb. 1984 am Niederrhein, lebt und arbeitet in Dortmund. Für seine Gedichte erhielt er den GWK-Förderpreis, Feldkircher Lyrikpreis, Lyrikpreis München. Es erschienen *Raumsch, KW* und *Noir*.

Maria Milisavljević ist eine vielfach ausgezeichnete Dramatikerin, Übersetzerin und freie Dramaturgin. Sie ist noch dazu promovierte Literatur- und Kulturwissenschaftlerin und lebt in einer Zweizimmerwohnung in Berlin.

José F.A. Oliver, geboren 1961 in Hausach, Schwarzwald. Lyriker, Essayist, Übersetzer. Er wurde u.a. mit dem Basler Lyrikpreis 2015 und dem Heinrich-Böll-Preis 2021 ausgezeichnet. Jüngste Einzelpublikation: *wundgewähr* (Matthes & Seitz, 2018). Er ist Kurator des von ihm initiierten Literaturfestivals Hausacher LeseLenz und Dozent für literarisches Schreiben an Schulen.

Markus Ostermair wurde 1981 in eine Bauernfamilie geboren, die aus Tegernbach bei Pfaffenhofen a. d. Ilm stammt. Nach dem frühen Tod des Vaters gab die Familie den Hopfenanbau auf, behielt aber die Milchvieh- und Landwirtschaft bei. Das Gymnasium brach er mit Mittlerer Reife ab, um eine kaufmännische Ausbildung in einem Autohaus zu absolvieren. Es folgte der Zivildienst in der Bahnhofsmission München, wo er zum ersten Mal mit dem Thema Obdachlosigkeit in Berührung kam. Er holte das Abitur nach und studierte in München Deutsch und Englisch auf Lehramt. Sein mehrfach ausgezeichnetes Romandebüt *Der Sandler* erschien 2020 im Osburg Verlag und schildert in sechs Tagen und Nächten ein Panorama der Straßenobdachlosigkeit.

Maria-Christina Piwowarski ist gelernte Buchhändlerin und arbeitet seit 2012 in der Buchhandlung ocelot in Berlin, die sie seit 2015 leitet. Sie ist auf Instagram in allen Literaturdingen aktiv und betreibt zusammen mit Ludwig Lohmann das 2019 von ihnen gegründete Label blauschwarzberlin für Moderationen von Lesungen und Literaturveranstaltungen, für Workshops und für den gemeinsamen Literaturpodcast. Sie vermisst den Ort, an dem sie aufgewachsen ist, jeden einzelnen Tag.

Sasha Rau, in Locarno geboren, bei Zürich aufgewachsen. Ausbildung zur Schauspielerin an der École Supérieure des Arts et Techniques du Théâtre in Paris und seitdem als freischaffende Schauspielerin und Autorin tätig. Seit 2013 gehört Sasha Rau zum Ensemble des Deutschen SchauSpielHauses Hamburg, wo sie u.a. mit Christoph Marthaler,

Bonn Park, Karin Beier, Victor Bodo, Herbert Fritsch und Oliver Frlijc arbeitet. 2017 kam dort ihr Stück *Reichshof* (Regie: Max Pross) zur Uraufführung. Sie hat das AutorInnenZimmer im Rangfoyer des Schauspielhauses gegründet, wo sie regelmäßig Autor:innen einlädt und auch eigenen Texte vorstellt. Ihre Theatertexte sind beim Hartmann & Stauffacher Verlag in Köln erschienen.

Ulrike Almut Sandig, geboren 1979, wuchs in einem Pfarrhaushalt im sächsischen Dorf Nauwalde auf. Heute lebt sie als Performancedichterin und Schriftstellerin in Berlin. Sie ist Frontfrau des ukrainisch-deutschen Poesiekollektivs Landschaft. Von ihr erschienen zahlreiche Gedichtbände, Erzählungen, Hörspiele, Hörbücher sowie ein Musikalbum und der Roman *Monster wie wir* (2020). Ihr aktueller Gedichtband *Leuchtende Schafe* (2022) enthält drei Gedichte, die sich mit einer Schlosskapelle beschäftigen, die auch im vorliegenden Band Erwähnung findet.

John Sauter wurde 1984 in Freiberg/Sachsen geboren, studierte Journalistik und Kunstgeschichte in Leipzig sowie Sprachkunst in Wien. 2019 erhielt er das Startstipendium für Literatur. Im gleichen Jahr erschien sein dichterisches Debüt *Startrampen* in der Edition fabrik. transit, Wien. Seine Gedichte wurden in diversen Literaturzeitschriften veröffentlicht. Sauter verfasst außerdem kulturjournalistische Beiträge in Zeitschriften sowie Katalogbeiträge für bildende Künstler:innen. In seinem aktuellen Gedichtband *Zone* (2021) erzählt Sauter von Städten und Landschaften, die ins Vergessen driften.

Tijan Sila kam 1981 in Sarajevo auf die Welt und 1994 als Kriegsflüchtling nach Deutschland. Er veröffentlicht Essays, Erzählungen und Romane. Sein nächstes Buch wird 2023 bei Hanser Berlin erscheinen. Tijan Sila lebt und arbeitet in Kaiserslautern.

Jörg Sundermeier, geboren 1970 in Gütersloh. Er lebt in Berlin und betreibt mit Kristine Listau den Verbrecher Verlag und ist Autor für diverse Zeitungen und Magazine. Er schrieb mehrere Bücher, etwa *Heimatkunde Ostwestfalen, Die Sonnenallee* und *11 Berliner Friedhöfe, die man gesehen haben muss, bevor man stirbt.*

Johann P. Tammen, geb. 1944 in Hohenkirchen/Friesland, lebt als freier Schriftsteller (Lyriker, Prosaist, Essayist, Kritiker) in Schiffdorf-Spaden/Niedersachsen. Von 1969 bis 2011 war er Herausgeber der *horen*, Zeitschrift für Literatur, Kunst und Kritik, und der Buchreihe *edition die horen* mit Sammlungen zur europäischen Poesie. Zuletzt erschien die zweibändige Gesamtschau *Stock und Laterne. Gedichte 1969–2019* und *Wind und Windporzellan. Nachdichtungen. Von Guillaume Apollinaire bis Valentino Zeichen.*

Beate Tröger, geboren 1973 in Selb/Oberfranken, studierte Germanistik, Anglistik und Theater-, Film- und Fernsehwissenschaft in Erlangen und Berlin. Sie lebt in Frankfurt am Main und ist als freie Kritikerin, Jurorin und Moderatorin tätig. Zuletzt hat sie im ELIF Verlag den Sammelband *Fee Nummer 13* herausgegeben.

Senthuran Varatharajah, geboren 1984 in Jaffna, Sri Lanka, studierte Philosophie und evangelische Theologie in Marburg, Berlin und London. 2016 erschien sein mehrfach ausgezeichneter Debütroman *Vor der Zunahme der Zeichen* im S. Fischer Verlag, 2022 sein zweiter Roman *Rot (Hunger)*. Er lebt in Berlin.

Die Herausgeber

Dinçer Güçyeter, geb. 1979 in Nettetal/Niederrhein, ist Theatermacher, Schriftsteller, Herausgeber und Verleger des 2011 gegründeten ELIF Verlags. Seinem 2017 erschienenen Lyrikband *Aus Glut geschnitzt* folgte 2021 der Band *Mein Prinz, ich bin das Ghetto*; für dieses Werk wurde er mit dem Peter-Huchel-Preis 2022 geehrt. 2022 erschien mit *Unser Deutschlandmärchen* sein erster Roman. In diesem Jahr erhielt auch der von ihm geleitete Verlag eine Auszeichnung: den Kurt-Wolff-Förderpreis für sein herausragendes Programm als unabhängiger Verlag. Dinçer Güçyeter lebt in seiner Geburtsstadt Nettetal.

Wolfgang Schiffer, geb. 1946 in Nettetal/Niederrhein, arbeitete seit 1976 zunächst als Hörspieldramaturg beim WDR, die letzten zwanzig Jahre bis zu seiner Pensionierung 2011 war er in leitender Position für Hörspiel, Radio-Feature und Literatur zuständig. Immer schon ist er auch als Herausgeber sowie als Übersetzer aus dem Isländischen tätig gewesen und schreibt Prosa und Lyrik. 2022 erschienen in deutsch-isländischer Ausgabe die Lyrikbände *Schnee über den Buchstaben* von Dagur Hjartarson und *Ewigzeit* von Ásta Fanney Sigurðardóttir sowie sein eigener Lyrikband *Dass die Erde einen Buckel werfe* (alle ELIF Verlag). Er ist Träger des Ritterkreuzes des Isländischen Falkenordens. Wolfgang Schiffer lebt in Köln und Prag.

Inhaltsverzeichnis

Vorwort   003

Ulrike Almut Sandig
Die Welt ist groß   007

Markus Ostermair
Krümmungen   017

Maria-Christina Piwowarski
Sich kümmern um die Mädchen   027

Arnold Maxwill
hubhubhub, schubschuhu   035

Kaśka Bryla
Das Reparieren von Uhren   045

Joachim Geil
Verhältnisse   053

Doris Akrap
Baustelle   063

Jörg Sundermeier
Unterschneidern   071

Maria Milisavljević
Räume oder Was ist der Plural von „Zuhause"?   081

Johann P. Tammen
*Der Krieg, ein verstaubter Dachstubenfund und die Wucht der
Alltagssorgen des Vaters, die dem Sohn nicht verborgen blieben...*   089

Sasha Rau
Schmerzenbach   099

Ozan Zakariya Keskinkılıç
Katzenzungen oder: Polymethylmethacrylat   109

Martina Hefter
Ins Hotelgewerbe irgendwie reingerutscht   117

Senthuran Varatharajah
Mein Vater kommt / aus einer Maschine /
Appa / kommt aus der Hand   125

Tijan Sila
Supercomputer   135

Henning Ahrens
Mittenmang   143

Bettina Fischer
„Mach dir keine Gedanken"   151

John Sauter
Mondkind   157

Nadire Biskin
Der Schlüssel   167

José F.A. Oliver
Boquerones vs. Metzelsupp. E Säcklestreckerbrief
namens W:undverwortung & W:andersprech   173

FM Einheit
OrgAnarchie   189

Zoë Beck
Sink or Swim   193

Beate Tröger
Nachts an der Nähmaschine   199

Michael Faber
Ab ins Archiv   211

Lütfiye Güzel
mit dem rücken zum meer   219

Martin Becker
Zaubertrank   229

Die Autorinnen und Autoren   236

Die Herausgeber   243

Mehr Anthologien im ELIF VERLAG

Fee Nummer 13
Beate Tröger (Hg.)

Aus Märchen erfahre man mehr über die inneren Probleme des Menschen und über die richtigen Lösungen für seine Schwierigkeiten in jeder Gesellschaft, bemerkt Bruno Bettelheim in seiner zum Klassiker gewordenen Studie "Kinder brauchen Märchen" (1975, dt. 1977). Die Gestalten im Märchen seien nicht ambivalent, nicht gut und böse zugleich, und diese Polarisierung der Figuren erleichtere Kindern, den Unterschied zu erfassen, was nicht so einfach wäre, wenn die Figuren lebensechter und so komplex wie wirkliche Menschen wären.

Ein zweiter Blick auf Figuren im Märchen zeigt allerdings, dass so manche doch wesentlich komplexer sind, als es scheint. Zu ihnen gehört die nicht eingeladene Fee im Märchen *Dornröschen*.

Die *Fee Nummer 13* ist der Ausgangspunkt für die hier versammelten Gedichte, Essays, Gespräche und Fotografien und nimmt dadurch die Gestalt einer extrem facettenreichen, widersprüchlichen Figur an.

Mit Beiträgen von: Ulrike Bail, Ines Berwing, Carolin Callies, Daniela Danz, Katia Sophie Ditzler, Özlem Özgül Dündar, Elke Engelhardt, Heike Gallmeier, Lisa Goldschmidt, Nora Gomringer, Julia Grinberg, Kerstin Hensel, Anna Hetzer, Nancy Hünger, Martina Hefter, Jayne-Ann Igel, Melanie Katz, Ricarda Kiel, Ursula Krechel, Birgit Kreipe, Pega Mund, Kerstin Preiwuß, Slata Roschal, Simone Scharbert, Rike Scheffler, Sabine Scho, Alke Stachler, Anja Utler, Monika Vasik, Sibylla Vričić Hausmann

ISBN: 978-3-946989-60-8

146 Seiten, 22€

Gebundene Ausgabe mit Schutzumschlag

Cinema · Lyrikanthologie
Gedichte
Herausgegeben von Wolfgang Schiffer & Dinçer Güçyeter

Unstrittig ist, dass Film, Kino, kurzum, dass CINEMA, die Kunst der beweg-
ten Bilder mit all ihren Diven und Heroen, ihren Giganten und Verlierern, die
schon bald nicht mehr wegzudenken waren, nachdem es Thomas Alva Edison
und den Brüdern Lumière gelungen war, Bewegungen aufzuzeichnen und
wiederzugeben, von Beginn an eine ungeheure Faszination auf die Menschen
ausgeübt hat. Eine Faszination, die bis heute anhält, die Millionen und Aber-
millionen in die Kinosäle zieht, vor die Bildschirme der Fernsehgeräte und
Rechner, die Fantasien weckt und Träume, in andere Wirklichkeiten entführt,
in Wirklichkeiten, die nicht selten als realer gesehen werden, zumindest für
eine gewisse Zeit, als die, die einen real umgibt.
Der ELIF VERLAG hat Lyrikerinnen und Lyriker eingeladen, Gedichte über
das zu schreiben, was sie mit CINEMA verbindet.

Mit Gedichten von: José F. A. Oliver, Nora Gomringer, Kai Gutacker, Silke
Vogten, Harald Gröhler, Giuliano Spagnolo, Christoph Danne, Lütfiye Güzel,
Georg Leß, Jonis Hartmann, Marina Büttner, Leander Beil, Róža Domašcyna,
Gundula Schiffer, Marcus Roloff, Hartwig Mauritz, Stan Lafleur, Anke Glas-
macher, Ulf Großmann, Amir Shaheen, Andrea Karimé, Katia Sophia Ditzler,
Martin Piekar, Lisa Goldschmidt, Sudabeh Mohafez, Melanie Katz, Sascha
Kokot, Niklas L. Niskate, Annette Mathilde Winz, Matthias Göritz, Klára
Hu°rková, Simone Scharbert, Björn Hayer, Bernd Lüttgerding, Paul-Henri
Campbell, Jan Volker Röhnert, Friedel Weise-Ney, Özlem Özgül Dündar,
Bastian Schneider, Hendrik Jackson, Hung-min Krämer, E. Ch. Cohnen,
Jayne-Ann Igel, Alexandru Bulucz, Dana Range, Thorsten Krämer, Crauss.,
Tanja Dückers, Hans Thill, Uwe-Michael Gutzschhahn, Kerstin Becker,
Fabian Lenthe, Dominik Dombrowski, Safak Saricicek, Anja Ross, Hans-Ul-
rich Heuser, Axel Kutsch, Orsolya Kalász, Timo Brandt, Ilma Rakusa, Uljana
Wolf, Stefan Heuer, Jörg Sundermeier, Ulrike Almut Sandig

Cinema

LYRIKANTHOLOGIE

ISBN: 978-3946989196

200 Seiten, 20€

Klappenbroschur, Großformat

POEDU II

Herausgegeben von Kathrin Schadt und POEDU
Poesie von Kindern für Kinder
Mit Illustrationen von Petrus Akkordeon

Kathrin Schadt ist Autorin und Mutter einer 9-Jährigen. Aufgrund des 1. Lockdowns in Barcelona 2020 erfand sie zunächst privat für ihre Tochter eine Poesiewerkstatt zuhause. POEDU wurde das Poesieprojekt genannt, weil Poesie meist etwas ist, das Erwachsene machen. Also PoeSIE. Die Idee ist, Kinder und Jugendliche an die Möglichkeiten unserer Sprache heranzuführen. Einmal im Monat wird den teilnehmenden Kindern eine Poesieaufgabe von einer/einem anderen bekannten Autor:in gestellt. Die Kinder können dann die Ergebnisse zunächst in einer geschlossenen, virtuellen Gruppe austauschen, Fotos und Videos hochladen, in Kontakt kommen. Während des ersten POEDUjahres entwickelte sich eine Art Schneeballeffekt, wodurch das POEDUkonzept konstant weiterentwickelt werden konnte. Mittlerweile gibt es zur laufenden virtuellen Werkstatt mehrere POEDUbücher (ELIF VERLAG). Das POEDU ist ein neues Werkzeug für Sprachvermittlung. Gemeinsam wird aktiv erfahren, dass Bildung anders aussehen kann, wobei verschiedene künstlerische Disziplinen mit einbezogen werden, die die Entwicklung von Ausdruck begünstigen. Das POEDUbuch wird mittlerweile erfolgreich in Schulen als Unterrichtsmaterial eingesetzt. Niemand hatte mit dieser Entwicklung gerechnet. Aber es hat sich schnell gezeigt, dass unser POEDU einen ureigenen Kopf hat und macht was es will.

Mit Poesie-Aufgaben von: Christian Ingenlath, Tobias Elsäßer, Ulrike Schrimpf, Ron Winkler, Ulrike Draesner, SCHMIDTI, Carolin Callies, Sabine Burkhardt, Jan Wagner, Sophie Reyer, Martin Piekar, Daniela Seel, Felix Schiller, Nikola Richter, Barbara Peveling, Friederike von Criegern, Melanie Katz, Caca Savić, Cornelia Becker, Odile Endres, Judith Wolf, Isobel Markus, Kathrin Niemela, Anke Bastrop , Wolfgang Schiffer.

Mit einem Vorwort von Thomas Wohlfahrt

POEDU II

Poesie von Kindern für Kinder

vom Poedu

Herausgegeben von ~~Kathrin Schadt~~

ELIF VERLAG

ISBN: 978-3-946989-57-8

186 Seiten, 22€

Klappenbroschur, Großformat